預言の霊を解き放て

ビル・ジョンソン

Originally published in English under the title
Releasing The Spirit of Prophecy
Published by Destiny Image
167 Walnut Bottom Rd. Shippensburgh
PA 17257-0310 USA

献辞

本書を私の子供たちとその配偶者たちに献げます。エリックとキャンダス、ブライアンとジェン、レアとゲイブへ。いつも私を驚かせてくれます。神の召しを受け取り、本書にある生き方を実践し、イエスを表している人たちです。

神を愛する彼らの心と人生への取り組み方によって教えられ、恵まれています。神の力ある御業がこの六人に継承され、倍加していくようにと祈っています。愛を込めて。

目次

序文

私は改革に情熱を抱いています。イエスの再臨の前に改革が起こり、勝利の花嫁が整えられなくてはなりません。この偉大な神の働きは、家族、教会、市町村、国々に影響を与えるでしょう。そのためにはまず神の圧倒的な臨在を体験し、真理に深く従う者にならなければなりません。

本書は神が意図されている真理へとクリスチャンの文化を形作る目的で書かれました。私たちの目前に広がる未来に私は希望を抱き、興奮しています。神の栄光と力の注ぎかけは、頻度においても、レベルにおいても増し加わっています。あらゆる預言者が語っていた時代が訪れているのです。

この注ぎかけは、終わりのない神の働きとなるでしょう。命を懸ける価値があります。死んでも惜しくはありません。

約束の囚人　ビル・ジョンソン

第一章　真理は力なり

ある日私は、執務室で黙示録を読んでいました。そのとき、ひとつのはっきりとした感覚を覚えました。読んでいる聖句が心に飛び込んできて、主が私に語っておられることがわかる、あの瞬間の感覚です。「すごいぞ！　なんてパワフルなんだ！　どういうことかわからないが、すごい力だ！」（理性よりも先に、私の霊がその力を受け取っていました。）

私が読んだ箇所は黙示録十九章十節でした。

そこで、私は彼を拝もうとして、その足元にひれ伏した。すると、彼は私に言った。「いけません。**私は、あなたや、イエスのあかしを堅く保っているあなたの兄弟たちと同じしもべです。神を拝みなさい。イエスのあかしは預言の霊です。**」〈強調は著者による〉

特にこの最後の一文が私の心の中に力強く響き、ヨハネの体験の域を遥《はる》かに超えた、力強い意味合いがあることがわかったのです。

その後しばらく、聖霊に理解の助けを求めつつ、この聖句を黙想しました。数時間後、その答えが執務室に舞い込んできました。ジムという教会員が、彼の夫婦関係の癒やしを証するために私の執務室に立ち寄ったのです。証を語り終えたジムは言いました。

「ビル、この証は、誰でも必要と思われる人に話してもいいですよ。」

この最後のひと言のお陰で、謎が解けました。確かに証と預言は、クリスチャン生活においてこれまでも重要な要素でした。しかしこのひと言を聞いた瞬間、**彼の証を他の人たちへの預言として用いることができる**ということに気がついたのです。(預言は、将来を予告するものでもありますし、現状に変化をもたらすものでもあります。だとすれば、証は超自然のわざを解き放ち、現状に変化をもたらすための起爆剤として機能するということです。)

ジムは本能的に二つの仮説を提示しました。一つ目は、もし神がこのような素晴らしいわざを彼に行なったのであれば、他の人のためにも行うはずだ、ということ。もう一つは、**証を語ること**こそ、この原則を他の人に適用する手段である、ということです。

最初の仮説は、聖書によってはっきりと肯定されています。つまり、神は昨日も今日もいつまでも同じであり、人を偏《かたよ》り見ることはないということです(ヘブル十三・8、使徒十・34参照)。そして二番目の仮説についても、イエスの証が預言の霊であるという真理は実用的であることが、あの瞬間、瞬時に理解できました。証とは、聞いている人全員に対して、神の御心やご性質を預言するものなのです。

波及効果《はきゅう》

　この体験は二五年前のことです。そのとき以来、奉仕するときは意識的に証を語るように心がけています。そうすることによって、驚くような実が結ばれるのを何度も見てきました。

　私のお気に入りは、ある男の子の癒やしの証です。男の子は、北カリフォルニア沿岸の町で行われたリニューアル集会で癒やされました。私はその集会で何度も奉仕したことがあるのですが、当時まだ三歳だった男の子は、かなり重度の内反足でした。

　私は、ベテル教会のミニストリー・スクールの学生を何人かその集会に連れて来ていました。それで彼らは、男の子のために祈りました。祈った後で、彼らが男の子を地面に立たせると、男の子の両足が完全に平らになっていたのです。男の子の友だちが近づいてきて言いました。

「走ってごらんよ！」

　すると男の子はすぐに走り出したのです。

　私の妻がその光景を丸ごとビデオ撮影していたので、翌週ベテル教会でその場面を見せました。男の子は、「ぼく、走れるよ！」と言いながら、大きく弧を描いて走り回っていました。何とも感動的な光景でした。二週間後、男の子の近所の人たちが、三時間かけてベテル教会の日曜礼拝にやって来ました。彼らに男の子の様子を尋ねたところ、二週間走りっぱなしだとのことでした。

翌日、ミニストリー・スクールの生徒が二人、祈りを通して表される神の愛を示すため、地元のモール街に行きました。二人はいつもそうしているのです。二人は、足の固定器具と杖を使って歩いているお婆さんに目を留め、彼女のために祈ることにしました。二人はお婆さんに歩み寄り、祈ってもよいかと尋ねました。ところが「ダメよ」、ときっぱり断られてしまいました。

それでも二人はくじけずに食いさがり、内反足の男の子が癒やされた話をしました。**証をしたところ**お婆さんの気が変わり、祈ってもいいと言いました。二人はまず膝のために祈りました。膝に腫瘍《しゅよう》があったからです。すると腫瘍が消え去ってしまいました。そこでお婆さんは固定器具を外しました。すると主は、生徒のひとりに知識の言葉を与えられました。主はお婆さんの背中も癒やそうとしており、臨在の炎によって背中に触れようとしていると知らせたのです。

主が癒やそうとしている部位を生徒が指さすと、そこにあった別の腫瘍も消え去ったことに、お婆さんは気づきました。二番目の腫瘍のことは、生徒たちには話していなかったにもかかわらずです。その癒やしの直後、店から出てきたお婆さんの家族は、お婆さんが治っている光景を目にしました。お婆さんは杖と固定器具を抱えて、モールから帰って行きました。

私はしばらく後、証が持つ預言的な力の実例として、この二つの証を日曜礼拝で話しました。その礼拝にはモンタナから来ていた女性がいたのですが、彼女の二歳の娘さんがやはり両足が内側に湾曲していて、走ろうとするたびに転んでしまうということでした。二つの証と、説教を聞いたその女性は、心の中で言いました。

「娘の代わりに私が信じます」と。その後、教会の保育室に娘さんを引き取りに行った彼女は、娘さんの両足がまっすぐになっていることに気づきました。按手して祈った人など誰もいませんでした。証によって彼女の信仰が燃やされ、神の超自然的な介入が起きたのです。

最近のことですが、ノース・キャロライナにあるマヘシュ・チャブダとボニー夫妻の教会で行われたカンファランスで、この三つの奇蹟の証を語りました。ブラジル出身の兄弟が教会からホテルまで私を送迎しくれたのですが、彼はその道すがら、さっきブラジルにいる義理の妹から来た電話の話をしてくれました。義理の妹さんは、そのカンファランスをインターネットで見たそうです。内反足の癒やしと、両足が内側に反っている少女の癒やしの証を聞いたとき、彼女は自分の娘さんを大声で呼んだそうです。

彼女の十歳になる娘さんは極度の内股で、奇形とも言える状態でした。娘さんはとてもかわいらしい女の子でしたが、人の視線はどうしてもその子の足に向ってしまい、いつも恥ずかしい思いをしていたそうです。証と説教を聞いた義理の妹さんは、別の部屋にいた娘さんを呼びました。娘さんは「なあに、お母さん」と言って、廊下に出てきました。義理の妹さんは靴を脱ぐよう娘さんに言い、靴が脱げたら自分のところに来るように言いました。すると娘さんが歩み寄ってくる間に両足がまっすぐになり、完全に癒やされてしまったのです。これもまた証の力により信仰が解き放たれた実例です。

私の中では、この人たちが証にある預言的な力を体験したことに、いささかの疑いもありません。彼らが神のわざの証を聞いたとき、証が持つ油注ぎにより、不可能を可能にする信仰が開かれたのです。その場の空気が変えられ、奇蹟を生み出す機会がもたらされ、証の中で語られていた癒やしが繰り返されたのです。彼らが信仰に立ち、奇蹟の空気の中にほんの少しだけ踏み入ったことにより、信仰が現実になりました。

これらの実例のうちの二件においては、祈った人すらいませんでした。手を置いた人もおらず、癒やされた本人はその部屋にもいなかったのです。そしてこれらの実例は数多くの奇蹟の一部にすぎず、元を辿《たど》ればたった一つの打ち破りの奇蹟に帰結します。私もベテル教会の教役者たちも教会員たちも、たったひとつの証を通して、神が次から次へと超自然的に介入していく様子を目撃しています。

証による一連の結実《けつじつ》は驚くほど豊かで、疑う余地がありません。次の話は、数年前にミネソタで行われたカンファランスで、私が参加者のために祈っているときに起きたものです。そのカンファランスに、ある若い女性が来ていました。彼女は悲惨な事故に遭い、足を傷めていました。彼女の足は何本かのピンで固定されており、痛みがあり、動作も制限され、他にもいろいろな困難が伴《ともな》っていました。私たちが彼女のために祈ると、石灰の沈着物が溶けはじめ、前よりも動けるようになり、痛みも去りました。翌朝目覚めた彼女は、着替えてご主人と顔を合わせました。するとご主人が彼女の足を見て言いました。

「おい、ふくらはぎの筋肉が戻ってるじゃないか。」

ふくらはぎ全体が事故で損傷していたのですが、一夜にして筋肉が回復していたのです。女性は集会で証をし、私たちはみな、この創造の奇蹟のゆえに、神をほめたたえました。

するとその証を聞いた別の女性が私のところにやって来て言いました。

「もし神さまが彼女にそうしてくださったのなら、私にもしてくださるはずです。」

証に込められているメッセージは聞く人全員に差し出されているという原則を教えたわけではありませんでしたが、この女性はそれをすでに理解していました。彼女は五年前に、アキレス腱の断裂を起こしていたのです。断裂《だんれつ》した箇所はうまくつながっておらず、ふくらはぎの筋肉の一部が委縮してひきつっていました。

そこで私は、癒やされたばかりの若い女性と牧師の奥さんを連れて、その女性のところに祈りに行きました。私は癒やされたばかりの女性に「ただで受けたのだから、ただで与えなさい。」と言いました。

彼女たちは奇蹟を必要としている女性に手を置き、神が筋《すじ》をつなぎ合わせ、筋肉を再生する光景を目の当たりにしました。

その奇蹟が起きているちょうどその時に、またひとり別の女性がやって来て言いました。「ねえ、私、馬に足を蹴られたことがあるの。それでふくらはぎの筋肉の一部が駄目になったままなんだけど。」

そこで癒やされたばかりの女性と牧師の妻は、その女性に手を置きました。すると二人は、しこりが消え去り、筋肉が形成される光景を目の当たりにしたのでした。するとまた別の女性が現れました。ここミネソタのロチェスターでは、ふくらはぎの損傷が伝染しているようです。この女性もまた癒やされました。この短い時間に、同じ奇蹟が三回繰り返されたのです。

私は奉仕があったので、ロチェスターからテネシー州のクロスビルに飛びました。そこでも私は、四人の女性の癒やしの証を語りました。するとその部屋に、一年前に足を傷めた医師がいたのです。動作が制限され、痛みもあり、ふくらはぎ全体の筋肉が委縮していました。私はミニストリー・スクールの生徒を何人か呼び集め、彼らを医師のところに祈りに行かせました。約二〇分後に私が様子を尋ねると、痛みが完全になくなり、動作も以前と同じようにできるようになったと、医師は答えました。私が「筋肉の具合はどうですか？」と尋ねると、「皮膚が伸縮するのを感じることができます。」と彼は答えました。

クロスビルの集会からレディングに帰った私は、これら五人の癒やしの証を分かち合いました。するとその部屋の中に、一年前に足を傷めた女性がいました。痛みがあり、動作も制限され、ふくらはぎの筋肉が委縮していました。二週間くらいしてから女性が私のところに来て言いました。

「先生が証を分かち合ってくださったとき、私の足が熱くなったんです。そしたら痛みがなくなり、元通りに動かせるようになりました。筋肉も元通りに回復したんです。」

しばらくして私はこれらの証を、ブラジルのしるしと不思議ミニストリー訓練集会で分かち合いました。そこへ行ったのは、ランディー・クラークのクルセードを応援するためでした。するとミニストリー・チームの中にアメリカ出身の女性がいて、自動車事故でふくらはぎの筋肉の一部を失ってしまったとのことでした。私の説教が終わった後、女性はトイレに行って足を見てみました。すると説教のあいだに筋肉が元通りに回復していたことに気づいたのです。

最近私はマヘシュ・チャブダとボニー夫人に招かれて、これらの証をその集会で語りました。すると聴衆の中にいたひとりの女性が、私が語っている最中に口を挟んでこう言いました。

「私もふくらはぎの一部がないんです。」

私は、集会の後なら喜んで祈らせてもらいます、と言いました。すると女性は、「私もミネソタ出身です」と付け加えたのです。

往々にして聖霊は、普通は起こりえない一致を通して語るものだと考えた私は、この状況は神があえて作り出したものだと理解しました。そこでその女性に、会場の後部まで走っていき、座席までまた戻って来るように言いました。信仰には行いが必要だからです。その行いは「娘の代わりに私が信じます」という静かな呟《つぶや》きであってもいいし、子供を部屋に呼ぶことでもいいし、その子を自分のところまで歩かせることでもいいのです。女性が普通では考えられない命令に従ったところ、筋肉が造り出されてしまいました。

これほど多くの人がふくらはぎの筋肉の一部を失っているとは思いもしませんでした。この異常なまでの体験を通して、証を語ることについて、聖霊が私の目を覚まし、全神経を集中して聞き入る必要があることを教えられました。神の語りかけを学ぶ中で同時に学んだことは、神が普通ではあり得ない一致を通して語るだけでなく、ご自分が行なったわざの証を通しても語られるということです。神はそういう方法で、しばしばご自分の民に語られるのです。これらすべてが展開する中で、神は私にこのことを理解させたかったのだと思わされました。だからこそ神は、これでもかというほど明らかなやり方をしたのです。

神のご性質の現れ

はじめ私は、神が私に理解させたいのは、証を通して奇蹟を必要としている人たちに奉仕をさせることだろうと思っていました。しかしいつものことながら、神の行動は神の道を示すものであり、神の道は神の性質を示すものなのです。これにより私は、証を通して力が現わされることは、奉仕という範囲にとどまらず、クリスチャン生活全般に意義をもたらす御国の基本原則であることに気づきました。もしキリスト教会が御国の福音宣教を通して諸国民を弟子化せよとの大宣教命令を実現するつもりであるなら、私たちはこの原則を知らなければなりません。それを理解し、個人レベル、また教会レベルで適用する必要があります。

私が気づいたことは、この召命と命令を実行する能力が、記憶に大きく依存しているということです。神が歴史や人生の中で語り、行なった事柄～すなわち証～を記憶する私たちの能力は、奇蹟を行う力を伴う御国のライフスタイルの維持に成功するか、失敗するかを決定する要因のひとつです。

証の性質と記憶の重要性を理解するには、キリスト教会が、教会の文化の核となっている真理とその実践を確立する必要があると思います。それは、神が証の中に込めた天の祝福が解き放たれるためです。奇蹟の力をこの世に解き放ち、召しを全うするためには、この祝福が必要不可欠なのです。

第二章　相続財産を使う

私の仕事は、クリスチャンに相続財産の使い方を教えることです。相続財産を使うというのは、神から与えられている無尽蔵の約束を用い、人類のために神の支配を現すことです。神の支配の現れは、常に聖さと力を通して認められるものであり、神の愛が動機になっています。

私が確信しているのは、キリスト教会が天の富を銀行から引き出していないということです。人々は自分が死んで天に帰るまで、相続財産を手に入れることはできないと思っています。神の国の現実を将来のものと考えてしまうなら、聖書に書かれている数多くの約束を使い損ねることになり、たとえ信者のアイデンティティーや霊的立場に関する真理を認識していても、決して体験することはできません。しかし、その考え方を変えるべき時が来ました。

相続財産を理解することは、救いの目的をより深く知ることから始まります。信じたばかりの人が未熟である理由は、自分は恵みによって救われた罪人であるという教えに留まっているからです。私はその教えが間違いだと言っているのではありません。その教えを土台にして、さらにその上を目指すように言っているのです。上を目指す人とは、十字架の目的がただ罪を赦すだけではないことを理解する人のことです。

十字架の目的は、キリストの血で私たちの罪を赦すことにより、私たちに天の父との親しい家族関係を持たせることでした。ヨハネ一章十二節は、「しかし、この方を受け入れた人々、すなわち、その名を信じた人々には、神の子どもとされる特権をお与えになった。」と述べています。この神の子という法的立場のゆえに、私たちは相続財産を受け取ることができるのです。次の聖句が、このことをわかり易く説明しています。

神の御霊に導かれる人は、だれでも神の子どもです。あなたがたは、人を再び恐怖に陥れるような、奴隷の霊を受けたのではなく、子としてくださる御霊を受のです。私たちは御霊によって、「アバ、父。」と呼びます。私たちが神の子どもであることは、御霊の霊、私たちの霊とともに、あかししてくださいます。もし子どもであるなら、相続人でもあります。私たちがキリストと、栄光をともに受けるために苦難をともにしているなら、私たちは神の相続人であり、キリストとの共同相続人であります。（ローマ八・14～17）

私たちが神の相続人であるという事実には驚愕させられます。しかしこの箇所を読むだけで満足してはいけません。驚嘆すればそれでいいわけでもありません。この箇所は私たちの潜在的可能性《せんざいてきかのうせい》を、預言的に示しているのです。ですから私たちは、生涯を費やしてこの可能性を追及していかなければならないのです。

ヨハネ一章十二節によれば、私たちには神の子どもになる権利があります。そのような関係に入るよう、神は私たちを招いています。それはすなわち、変えられる過程に入るようにとの招きなのです。創り変えられる過程は、地上の歩みの中で認識できます。なぜならイエス・キリストのうちに、神の子の模範を見ることができるからです。ローマ八章二九節まで読み進むと、このことについて次のように書かれています。

なぜなら、神は、あらかじめ知っておられる人々を、御子のかたちと同じ姿にあらかじめ定められたからです。それは、御子が多くの兄弟たちの中で長子となられるためです。

私たちには、長子であるキリストに似た者となる権利があります。私たちはもともと神のかたちに創造されており、完全な神の似姿《にすがた》を取り戻すように定められているのです。

救われたことにより、私たちは本来の目的を持つように回復されています。この目的は、アイデンティティーの回復と、神との関係の回復により自然に受け取れるものです。エペソ二章十節には、**「私たちは神の作品であって、良い行ないをするためにキリスト・イエスにあって造られたのです。神は、私たちが良い行ないに歩むように、その良い行ないをもあらかじめ備えてくださったのです。」**とあります。私たちは行ないによって救われるわけではありません。しかし人生において良い行ないという実を結んでいないなら、キリストにあって新しく造られた者としてのアイデンティティの証が欠けていることになるのです。神の働きを通して神の性質が表れるのと同じように、私たちが神の似姿に変えられていることの証拠は、私たちの行ないを通して表されるのです。

良い行ないとは何を意味するのでしょうか。イエスの教えを割り引いて、人間的なレベルに引き下げるのは簡単なことです。貧しい人を助け、裸の者に着る物を与え、困っている人を訪ねることを大切にする一方で（クリスチャン生活にはこれらの慈善活動が必要不可欠です）、霊的奉仕を通して彼らの内なる必要を満たすことを拒《こば》んでいないでしょうか。この「良い行ない」という言葉は、パウロが行なっていた奇蹟やしるし、不思議を表しているのです。

イエスは、この良い行ないの模範を示してくれました。イエスは補聴器を作りませんでしたし、盲導犬を訓練することもありませんでした。代わりに耳の聞こえない人や目の見えない人を癒やしました。ヨハネの福音書を深く学ぶなら、「良い行ない」がそういうことを指しているという驚くべき結論に至ります。その良い行ないは、イエスが油注がれた者、つまりキリストであることを指し示すだけでなく、イエスと父なる神との関係がどのようなものであったかについても教えています。

ヨハネ十四章八～十二節を見てみましょう。

ピリポはイエスに言った。「主よ。私たちに父を見せてください。そうすれば満足します。」イエスは彼に言われた。「ピリポ。こんなに長い間あなたがたといっしょにいるのに、あなたはわたしを知らなかったのですか。わたしを見た者は、父を見たのです。どうしてあなたは、『私たちに父を見せてください。』と言うのですか。わたしが父におり、父がわたしにおられることを、あなたは信じないのですか。わたしがあなたがたに言うことばは、わたしが自分から話しているのではありません。わたしのうちにおられる父が、ご自分のわざをしておられるのです。わたしが父におり、父がわたしにおられるとわたしが言うのを信じなさい。さもなければ、わざによって信じなさい。まことに、まことに、あなたがたに告げます。わたしを信じる者は、わたしの行なうわざを行ない、またそれよりもさらに大きなわざを行ないます。わたしが父のもとに行くからです。

この箇所のメッセージは明確です。イエスを信じる者たちは、しるしと不思議を行うということです。しかしイエスの言葉はそれ以上を意味しています。信じる者たちはイエスと同じように父なる神との関係を持つようになり、イエスと同じように御霊の油注ぎを持つようになるということです。

つまり、私たちはイエスと同じように、働き人として召されているのです。なぜかというと、イエスの死と復活により、イエスが良い行ないをするために使っていたすべてのものを、私たちも使えるようになったからです。このことについてイエスは、弟子たちにこう預言しています。

「父がわたしを遣わしたように、わたしもあなたがたを遣わします。」（ヨハネ二〇・21）。

不可能を行えという命令

イエスが十二弟子に世界に出て行って諸国民を弟子化するよう命じたとき、イエスは彼らに不可能なことを命じていたのです。多くのクリスチャンは、キリストの命令は守ることが可能なものだと誤解しています。たとえばあなたの隣人を愛せよという、守ることが可能な命令もありますが、死者を蘇らせよという不可能な命令もあるのです。実のところ、キリストの命令はどれも、神の恵みと聖霊の超自然的な力なしには実現不可能なものばかりです。

しかしイエスが言われるのなら、どんなことにでも従おうという従順な心を持つことにより、「信じる者には、どんなことでもできるのです」という約束によって生きるようになるのです（マルコ九・23参照）。

信仰により、天にあるすべての資源が利用可能だからです。これこそキリストが不可能な命令を出す所以《ゆえん》なのです。

神の子どもである私たちは、神の似姿を示すことにより、この世に対して父なる神を表すよう定められています。それをキリストと同じ方法でするのです。つまり父なる神と交わり、聖霊の油注ぎを受け、権威と力を行使し、神の愛を動機として天の御国を地にもたらすのです。

ですから私たちは周囲の人々に益をもたらすため、神の約束に基づいて相続財産を利用しなければなりません。イエスの死により、神の御心の核心部分が、神の家族である聖徒たちに現されていることを忘れてはなりません。「御心の天になるごとく」という祈りが、すでに聞かれているということです。

私たちは死んで天国に行くまで待っていてはいけません。相続財産を今、この地上で使うことこそ、私たちが果たすべき目的だからです。

癒やしと解放の油注ぎは、天においては何の価値もありません。この恵みは、諸国民をイエスに導く道具として地上で使うからこそ意味があるのです。詰まる所、イエスは「すべての国々が慕う宝物」と呼ばれているではありませんか（ハガイ二・7英訳参照）。つまり誰もがイエスを欲しているのです。ただ自覚していないだけです。私たちはイエスのようになる必要があります。収穫が神の願いと計画のとおりに行われるためにです。

ですから神の子としての権利により、イエスと父なる神の関係が私たちのものになるのなら、次に来る課題は、どうすればその関係を成長させられるかです。ありがたいことに、イエスはこの点においても模範になってくれました。イエスが地上に生まれたとき、はじめから大人の知性を持っていたわけではありません。はじめから自分のアイデンティティーや使命を知っていたわけでもありません。イエスは成熟するために、私たちと同じ行程を経なければなりませんでした。「多くの苦しみによって従順を学び」（ヘブル五・8）と、聖書にあるとおりです。イエスは父なる神との関係において、少なくとも三つの訓練を受けました。まず初めに、聖書が記しているとおり、神の計画の記録によって訓練されました。

イエスがどのように神の御心や自分の使命を見出したかについて、次のように記しています。

ですから、キリストは、この世界に来て、こう言われるのです。「あなたは、いけにえやささげ物を望まないで、わたしのために、からだを造ってくださいました。あなたは全焼のいけにえと罪のためのいけにえとで満足されませんでした。そこでわたしは言いました。『さあ、わたしは来ました。聖書のある巻に、わたしについてしるされているとおり、神よ、あなたのみこころを行なうために。』

（ヘブル十・5〜7）

二番目は、イエスは両親による証、特にマリヤの証の影響下で育てられた可能性が極めて高いということです。マリヤはイエスを身籠《みごも》ったときや出産したときに受けたすべての言葉、夢、出来事を「**心に納めて、思いを巡らしていた。**」（ルカ二・19）のです。

第三に、イエスには聖霊の証がありました。聖霊はイエスと父なる神の意志疎通《そつう》を支援し、「**自分から語るのではなく、聞くままを話し**」（ヨハネ十六・13）ました。聖霊が私たちを真理に導く役割を担っていることを教えることにより、イエスは実際に、ご自分がどのように歩んだかを説明しているのです。これらの三つの説明は、すべて証ばかりです。証は父なる神との関係の中で歩むよう私たちを訓練し、神の子どもとして目的を果たさせてくれるのです。

詩篇の著者は、「**あなたのあかしはとこしえにわが嗣業《しぎょう》です。まことに、そのあかしはわが心の喜びです。**」（詩篇百十九・111、口語訳）と謳《うた》っています。主の証は、私たちの相続財産なのです。では証とは何でしょうか。**証とは、歴史の中で神が行った事柄を文字によって記録したもの、あるいは口伝《くでん》です。**歴史の中で神が語ったすべて、行なったすべては、永遠にあなたの所有物です。あなたが神の似姿に変えられ、良い行ないを通して変革者となるために必要な、あらゆる資源を提供する記録でもあるのです。

本書の目的は、霊的相続財産の重要性と力に関して深く掘り下げ、それをありのまま明らかにすることにあります。言い換えれば、奇蹟の力を解き放つ秘訣《ひけつ》を明らかにするということなのです。

証は神を啓示する

証の定義として最初にはっきりさせておくべきことは、証の主役は神だということです。証という言葉を聞くと、往々にして救いの証を連想します。あるいは誰かの奇蹟の体験談かもしれません。しかし人が証の主役になってはいけません。本書で論じている証とは、神が行なったことの記録です。

次の結論は正しいものです。神の介入がない限り、証は生まれないということです！　私たちが神の証人になれるのは、神の力をどれくらい体験したかによります。使徒一章八節にあるとおり、聖霊の力を受けてからでなければ、私たちは証人になることはできません。

証人とは、「証言を持っている者」のことだからです。これこそ、イエスが弟子たちを指し示すために使った言葉そのものです。

神の証は比類《ひるい》なき貴重な財産です。なぜなら、どれも神がなしたわざだからです。その中には神の本性に関する啓示が含まれています。しかしこの啓示の第一の目的は、良き神学を提供することではありません。証によって語られる神の啓示は、常に体験的に神を知ることへの招きです。

私たちが変えられるのは、そのような体験によります。そして変えられた人たちは、別の人を変えます。ダビデは父なる神の心を知る人物でした。それは詩篇四〇編六～八節を見ればわかります。先程見たヘブル十章に引用されている箇所です。ダビデはそれらの聖句の中に、神の本性を表す啓示が込められていることを理解していました。イエスは、神が動物のいけにえや全焼のいけにえを求めていないことを知った上で、この世に来られたのです。神が求めていたのは、御心を行う存在でした。イエスは神の願いを受け入れ、その父の願いを実行することにより、父の喜びを体験したのです。

イエスは次の箇所を通して、公生涯の力の源を説明しています。

そこで、イエスは彼らに答えて言われた。「まことに、まことに、あなたがたに告げます。子は、父がしておられることを見て行なう以外には、自分からは何事も行なうことができません。父がなさることは何でも、子も同様に行なうのです。それは、父が子を愛して、ご自分のなさることをみな、子にお示しになるからです。」（ヨハネ五・19～20）

この現実はすべての信者に当てはまるものです。神の証を知ることは、「父がしておられること」を見る鍵となるからです。過去の神のわざを通して神を体験することにより、私たちは神が今行なっていることにおいて神を体験することができるのです。体験的に神を知れば知るほど、私たちは神の似姿に変えられていきます。そのためには神の証の中にある招きに応答することが必要です。そして私たちが神の似姿に近づけば近づくほど、私たちは神のわざを行なえるようになり、神の本性と力を周囲の人々に表せるようになるのです。

天の資源

不可能なことを行うという使命を果たさなければならないあなたにとって、はじめに思い浮かぶ天の資源といえば、力でしょう。

力は、相続財産の大きな部分を占めますが、力を行使する歩みには、まず本人が力の神を体験することが欠かせません。あなたはそのような体験を通して、神との関係を深めていくことになるのです。

神の証は、力の歩みを開く鍵のようなものです。なぜなら証は、賜物や祈りの答えよりも、むしろ神との関係を求めさせるので、信者の中で神の本性がより明確になります。神は賜物だけでなく、神ご自身を愛してほしいと願っているのです。神は、信じがたいほどの神の愛を体験してほしいと願っています。それにより信者の動機が、義務感から情熱に変わるからです。そうすると、神は信者に信頼することができるようになり、未だかつてないほど多くの力を委ねるようになるのです。

油注ぎは、私たちがキリストの似姿に変わり、良い行ないをする力をもたらします。しかし油注ぎは、非人格的な力ではありません。油注ぎとは神格、つまり聖霊ご自身です。聖霊は私たちをキリストの似姿に変えるという、極めて特殊な働きを情熱的にこなします。私たちが聖霊に心を開けば開くほど、聖霊はその目的に必要な力と啓示を与えてくれます。聖霊こそ、父なる神が行なっていること、語っていることを教えてくださるお方であり、私たちがそれを行えるように準備させてくださるお方なのです。

御霊との意思疎通はキリストの公生涯の秘訣でしたが、それは今の私たちにとっても同じです。神の証は聖霊がどのようなお方かを教え、聖霊とともに働く方法を教えてくれます。証は、神が不可能の壁を打ち破るお方であることを教え、この世の目に見える現実に囚《とら》われている人々の物事の見方を変えてくれます。

神と神のご本性を表す証に意識を向けないなら、私たちはビジョンを失い、ミニストリーは人間的な賜物や力量で成し遂げられるレベルに落ち込みます。神こそ、それらの賜物や力量の源であることは明らかですが、賜物や力量は船の帆のようなもので、神から吹いてくる風を受けてはじめて機能するものです。聖霊という風が賜物や力量の言動力となっていないなら、永遠に残るものを生み出すことはできません。聖霊は人間的な能力を遥かに超えたやり方で、賜物や力量を方向づけします。神なくしては、いかなる能力も、朽《く》ちることのない影響をもたらすことはできないのです。

歴史は証なり

証を学ぶことは、歴史を学ぶことです。なぜなら証は、神が過去に行なった働きの記録だからです。ですから証の力を理解するには、**歴史**の中身を知らなければなりません。

歴史は任意に起きた出来事の羅列《られつ》ではありません。歴史は構想であり、登場人物であり、主題であり、結末です。歴史には始まりがあり、経緯があり、終わりがあります。私たちは歴史が物語であることを知っています。なぜなら作者である神がいるからです。歴史の定義や歴史の行方《ゆくえ》については様々な意見があるかもしれませんが、正しい見解はひとつしかありません。それこそ歴史を知る上で、どうしても神の視点が必要になる所以です。神の視点が必要であるという点は、私たちの人生の目的についても同じです。

証と同様、歴史も神に関する物語です。神こそ、あなたや私の人生の作者だということです。神は私たちの人生が惨劇や危機で満ち溢れるシナリオを描きませんでしたが、問題の解決がいつでも容易に手に入るようにもしませんでした。歴史自体が、神の証の集積で構成されるひとつの大きな証である理由はここにあります。

神の家族は神の証を継承しています。それは王家の者たちが王家の歴史を継承しているのと同じことです。王家の者たちは祖先の記録を調べ、詳細に物語ります。どうしてかというと、その記録を遡《さかのぼ》ることにより、自分が何者であり、人生において何を成し遂げるべきかを知ることができるからです。その記録により、彼らは自分たちの治世を意義あるものとし、次の世代への相続財産として残す責任を帯びているのです。ある世代が王家の歴史を辱《はずかし》めるような生き方をし、歴史を継承することに失敗すれば、その系譜《けいふ》は途絶えてしまい、家系の遺産は失われていまいます。

その現実は私たちにとっても同じです。私たちは、主にあって王の王である方の家系に迎えられたからです。キリスト・イエスが血潮による贖いを成し遂げ、私たちを死からいのちに移したことにより、私たちの歴史は変わりました。私たちは地獄行きの運命にありましたが、イエスを告白した私たちの過去、現在、未来は神とその民の歴史の中に完全に組み入れられたのです。

十字架には、私たちを贖い変える力があります。その力は、罪深い過去が神に栄光をもたらす証になってしまうほど強力です。しかし私たちが家系の歴史から生き方を学ばない限り、その変化の中に踏み入ることはできません。先人たちの生涯を研究すればそれでいいと言っているのではありません。聖書を研究するだけでも不十分です。しかしそれらが重要であることは確かです。なぜなら、そうすることによって、歴史における神の働きがわかり、神の物事の見方を通して知恵を得ることができ、私たちは超自然の人生を生きられるようになるからです。聖書はその訓練行程のことを**心の一新**と呼んでいます。

人生の本来の目的とは

私たちの大半は、自分が争いの世に生かされていると自覚しています。しかしその戦いは、権力や土地、お金、善悪の問題ではありません。もっと基本的な問題に関する戦いです。それは真理に関する戦いであり、戦場はひとり一人の思索の中です。

この戦いは天で始まりました。そのときサタンは地上に落とされましたが、アダムとエバのお陰で、私たちもそれにかかわる羽目になりました。二人が禁断の木の実を食べただけでなく、神の真理に対する偽りを信じる決断をしたことによってです。

木の実を食べたことは、二人が敵の嘘を信じたことの結果に過ぎません。あなたが偽りを信じるとき、あなたはその偽りを語っている者に権威を与えることになるのです。悪魔に同意することは、悪魔に権威を譲ることです。殺すことや盗むこと、破壊することの許可を悪魔に与えることになるのです。アダムとエバがそのようにしたとき、二人は神の真理を否定したのです。それは、自分たちが腰かけている木の枝を、自ら切り落とすに等しい行為でした。支えを失ったアダムとエバは堕落しました。そのとき二人は、神のものの見方を捨て去り、代わりに歪曲《わいきょく》を選択したのです。ローマ一章一八〜二十一節は、人間の堕落は**真理からの堕落**であると言明しています。

というのは、不義をもって真理をはばんでいる人々のあらゆる不敬虔と不正に対して、神の怒りが天から啓示されているからです。なぜなら、神について知りうることは、彼らに明らかであるからです。それは神が明らかにされたのです。神の、目に見えない本性、すなわち神の永遠の力と神性は、世界の創造された時からこのかた、被造物によって知られ、はっきりと認められるのであって、彼らに弁解の余地はないのです。というのは、彼らは、神を知っていながら、その神を神としてあがめず、感謝もせず、かえってその思いはむなしくなり、その無知な心は暗くなったからです。

神の永遠の力と神性の現実は、この世界で「はっきりと認められる」とパウロは言っています。このフレーズの文字通りの意味は、「上から認められる」です。アダムとエバが堕落したとき、二人は神のものの見方から転落したのです。「真理をはばむ」以前の人間は、神の本性と歴史に対する神の計画を知ることができたということです。

パウロは、「神について知りうることは、彼らに明らか」だったとも述べています。これが意味するところは、人間は神の似姿に創造されたので、人は互いを理解できたし、神がどのような姿かもわかったということです。しかし人が神の本性に関する真理をはばんだとき、人間のアイデンティティは歪《ゆが》んでしまいました。アイデンティティと人生の目的を、自分たちから引き離したからです。それ以降、人類は現実や歴史を見るとき、歪んだ見方をするようになりました。

罪の違反が十字架により癒やされた今、信者は神の証を通して、アダムとエバが失った真理を取り戻さなければなりません。歴史に対する神の計画、その中における私たちのアイデンティティと私たちの役割についての真理です。人類に対する神の計画は変わっていません。なぜなら神が変更していないからです。しかしキリスト教会の理解が不十分であるため、共同体レベルでその計画を遂行するに至っていません。私が思うに、それは神の証による心の一新が不十分だからです。

前述したとおり、大多数の信者は神が罪を赦してくださったことは理解しているものの、何のために赦されたのかを理解していません。アダムとエバが罪を犯しても、神は驚きませんでした。自由意志を与える段階で、神はそのリスクを承知していたからです。神の願いは、神の子たちが神を愛し、愛によって選択することでした。

私たちは神が慌てふためかなかったことを了解しています。というのは、二人が愛以外の動機に基づいて自由意志による選択をした場合に備えて、神はすでに贖いの計画を用意していたからです。黙示録十三章八節は、イエスが「**世の初めから**」小羊であったと教えています。

私は罪の影響の悲惨さや、神が御子を私たちの身代わりにして支払ってくださった莫大な身代金を過小評価するつもりはありません。私たちが受けた救いは、実に大いなる恵みです。その救いの偉大さと完全さは、神が歴史全体を通して、当初からの贖いの計画を成し遂げようとしていることの中に、ありありと表されています。

私たちはそのことを、聖書の証によって知っているのです。神がアダムとエバをエデンの園に置いたとき、多くの実を結び、増え広がって地を満たし、地上を従えるよう二人に命じました（創世記一・28参照）。しかし二人だけではこの惑星を支配するのに十分ではなかったため、神は神のかたちに造られた人間で地を満たそうとしました。地上を王なる神と王国の影響下に置くためです。

しかし罪が世に入り、人類は自分たちの権威を敵に奪われてしまいました。隷属《れいぞく》の時代が何世紀も続きましたが、神はメシアによる救いに向けて世界を備えるため、幾度も啓示（証）を送りました。

　これらの啓示の中には、ノアやアブラハム、イサク、ヤコブ、そしてイスラエルの民との契約も含まれていました。次章では証と契約の基本的な関係について学びますが、これらの契約の中で繰り返し語られているテーマについて、この場で指摘しておきたいと思います。

　神はノアに言われました。**「地の上で生み、そしてふえるようにしなさい。」**（創世記八・17）。またアブラハムに言われました。**「わたしは、あなたをおびただしくふやそう。……わたしは、あなたの子孫をおびただしくふやし」**（創世記十七・2、6）。そしてイサクに言われました。**「わたしは、あなたの子孫を空の星のように増し加え」**（創世記二六・4）。ヤコブにも言われました。**「生めよ。ふえよ」**（創世記三五・11）。最後にイスラエルの民にこう言われました。


　わたしは、あなたがたを顧み、多くの子どもを与え、あなたがたをふやし、あなたがたとのわたしの契約を確かなものにする。あなたがたは長くたくわえられた古いものを食べ、新しいものを前にして、古いものを運び出す。わたしはあなたがたの間にわたしの住まいを建てよう。わたしはあなたがたを忌みきらわない。わたしはあなたがたの間を歩もう。わたしはあなたがたの神となり、あなたがたはわたしの民となる。わたしはあなたがたを、奴隷の身分から救い出すためにエジプトの地から連れ出したあなたがたの神、主である。わたしはあなたがたのくびきの横木を打ち砕き、あなたがたをまっすぐに立たせて歩かせた。（レビ記二六・9～13）

これらの契約は、神がアダムとエバに与えた約束や命令の焼き直しです。なぜ神は人が罪深い存在であり、敵の奴隷であることを知りながらも、地上を人間で満たしたいと思ったのでしょうか。その答えは一つしかありません。キリストの血によって、諸国民の中から民を呼び出すつもりだったからです。その民とは、最後のアダムであるキリストの命令に従う民です。彼らは神との親しい関係を持ち、地を従える民です。

これらの証は、神との関係によって生きる人々で地上を満たすという神の思いが、人間の堕落にもかかわらず消滅しなかったことを示しています。神はエデンの園でアダムとともに歩んだように、こんにちも神の民の中に宿り、その中を歩んでおられます。これらの証が物語るのは、神の本性と人類に対する御心が未だに変わっていないということです。つまる所、ヒストリー（歴史）とはヒズ・ストーリー（神の物語）なのです。

神は今もご自分の民を生み出し、増やしておられますが、こんにちそれは御霊による新生という形で行われます。それは、「**この人々は、血によってではなく、肉の欲求や人の意欲によってでもなく、**

ただ、神によって生まれたのである。」（ヨハネ一・12〜13）とあるとおりです。

神の計画は、ご自分の子供たちと協力し、地上に神の王国を設立することです。もちろん神には、一瞬にして地上に支配もたらすこともできますが、栄光と愛を完全に現すため、神のかたちに創造した者たち、自ら選んで神を礼拝する者たちとの契約関係を通して、支配をもたらそうとしているのです。

クリスチャンの使命　栄光から栄光へ

もし十字架によりキリストと同じ関係を神と持つことができるようになったのなら、私たちもキリストが結んだ実と同じ実を結べるということです。だとしたら、教会である私たちがキリストともに支配し、統治していないのはなぜでしょうか。思うに、教会が相続財産を使い損ねていることが関係しています。つまり証を語ることを通して、神の力を地上に解き放っていないからです。

証をとどめる過《あやま》ちがあるようでは、神の本性や御心の啓示を次世代に伝えることはできません。ヨシヤ王の治世でそうであったように、証が再発見され、神の民が神の本性や召しに立ち返るとき、リバイバルは起こるのです。

しかし過去の神の働きの証が新しい時代の人々の霊的資産となり、それにより彼らが整えを受けたという話は、一世紀以降、耳にしたことがありません。単に励ましを受けるために証が用いられた話は聞きますが、霊的な相続財産から何かを体験し、実を結ぶという原則を十分に理解し、その霊的相続財産を次世代に継承するために証が用いられたという話は聞いたことがありません。

つまり証の中に込められた神の動機は、後世に伝わらなかったのです。

これを裏付けるかのように、ある人たちは神の本性に基づいた歴史ではなく、人類の失敗に基づいた歴史を教えています。多くの神学生や歴史家は、キリスト教のリバイバルは二年から六年間しか続かないという見解を教えられています。この見解によると、リバイバルが起こる目的は、効果が期待できるのは、リバイバルが起きている期間だけで、終わってしまえば従来通りお決まりの仕事を続けていればそれでよい、ということになってしまいます。

歴史的には、この見解は正しいかもしれません。しかしリバイバルの結論は間違っています。その結論が正しいとするなら、神の御心が何であるかを明確にする基準は、神が新たにもたらしたものではなく、教会が成し遂げたことによって決まることになるからです。

そのような歴史の解釈は、まったくの誤りです。間違ったリバイバルの定義と、間違った神の本性の定義に基づいて解釈しているからです。神はいつでも溢れるほどに善なるお方であり、神の愛の契約は永遠に続きます。これらの本性ゆえに、神はご自分のかたちに創造した人間で地上を満たすことを御心としています。それらの人々は神との正しい関係を持ち、委ねられた権威を地上で行使する人々です。神の王国の姿とは、そういうものです。天では王国はすでに確立しており、地上では教会と御霊のコラボレーションにより確立しつつあります。

イザヤは、王国が前進し続けていると預言しました。

その主権は増し加わり、その平和は限りなく、ダビデの王座に着いて、その王国を治め、さばきと正義によってこれを堅く立て、これをささえる。今より、とこしえまで。（イザヤ九・7）

キリストは昇天後、ダビデの王座につきました。ペンテコステの日、父なる神は約束の聖霊を遣わし、地上で御国を拡大し、諸国民を弟子とせよとの大宣教命令を実行させるため弟子たちに力を与えました。

このペンテコステの日について多くの人が理解し損なっているのは、三千人の改心者が出たことは単にペテロの説教の実だと考えていることです。確かに福音が大胆に語られましたが、人々がそれを聞いて改心したのは、御霊の注ぎ掛けにより、その場の霊的雰囲気が変えられていたからです。

言い換えれば、弟子たちを通して聖霊が働いたことにより、その雰囲気が変えられ、人々が神を受け入れやすくなったのです。そのような思索の変化は、偶然起こるものではありません。それは神の臨在によるインパクトであり、神が弟子たちを喜んでいたからこそなしたわざなのです。この共同作業により、聖霊の働きのインパクトが劇的に増大しました。第二コリント四章三～四節は、霊的な雰囲気が福音を信じる能力に影響すると述べています。

それでもなお私たちの福音におおいが掛かっているとしたら、それは、滅びる人々のばあいに、おおいが掛かっているのです。そのばあい、この世の神が不信者の思いをくらませて、神のかたちであるキリストの栄光にかかわる福音の光を輝かせないようにしているのです。

ペンテコステにおいて「この世の神」が縛られ、エルサレムを覆《おお》っていた霊的暗闇はキリストの光によって照らされました。エルサレムにいた群衆は、数週間前にイエスを十字架につけた人々でした。屋上の間に音を立てて吹いてきた神の風が、こんどは人々の心を承服させたのです。

その音は人々の関心をひきつけました。それは天からの雄叫《おたけ》びです。その物音が、以前はイエスを死に追いやった人々の心を虜《とりこ》にしました。人々は、救われるためには何をしなければなりませんか、と尋ねるほどになりました。天の物音が天の雰囲気を解き放ったのです。そしてその場を支配していた暗闇の力は、光の力に押されて退かざるを得なくなりました。

これが通常のクリスチャン生活です。これを下回るなら、後ろ向きの状態になります。真のリバイバルの中で起きているのが、まさにこの霊的変化です。リバイバルの中では、聖霊の傾注《けいちゅう》により天の御国の臨在がもたらされます。天の御国の到来により、暗闇の支配者は追い出されます。その結果、人々は御国のいのちと力を体験するのです。肉体は癒やされ、たましいは解放され、救われます。信者たちは一致の中で成長し、究極的には、社会や世界が変えられるのです。

真のリバイバルは人々に神を求めさせるだけでなく、歴史における彼らの使命をも求めさせ、万物に対する神の支配をもたらすため、神の協力者とならせます。聖霊は一時的な効果をもたらすためにやって来るのではありません。信仰のレースを完走させ、次世代にバトンタッチさせ、御国の勢いが世代ごとに増し加わるようにしてくれるのです。

真のリバイバルは御国をもたらす御霊の傾注であり、変貌に始まり変革に至らせるものです。御国の特質は継続的な前進です。それゆえリバイバルは、本質的には世代を超えて継続します。それは「**水が海をおおうように、地が主の栄光を知ることで満たされる。**」（ハバクク二・14）まで続くのです。

今に至るまで教会が本来あるべき姿になっていないのはなぜか、という疑問に答えるため、私たちは神の本性とリバイバルの性質を定義しなおすことを迫られています。問題は神の側にあるのではなく、常に私たちの側にあるのです。

私たちはまだ、神の真理に照らし合わせて自分を理解しておらず、それゆえ考え方も一新できていません。そのため私たちは、神によらない制限の中で生きています。この世代が制限された歴史の見方を改め、霊的相続財産である証の中に秘められた変貌の力をもっと体験できるように、読者や私にはチャンスが与えられています。この使命は、神の民の中にある御霊の働きを維持し、「栄光から栄光へと」私たちを変えるため、教会に与えられたものです。（第二コリント三・18参照）

私たちの家系の歴史は、私たちが使命の中を歩むために神が立てた大黒柱です。もし証を学び、教え、体験するというチャレンジに応答するなら、私たちはこの世代を、神の子としてのアイデンティティーと目的の中に入らせることができるでしょう。

第三章　神の憐れみとの出逢い

神の民を訓練し、御心に従事させるためには、聖書の証が必要不可欠です。物語の集積である証は、イエスすら使命を全うするために用いました。イエスはヨハネ一章一節の「**ことば**」であり､神です。しかし、イエスも聖書を学んだという点においては疑う余地がありません。なぜならイエスは、完全に人間でもあるからです。

イエスは、神が聖書を超える存在であることを知っていました。それは聖書そのものが証していります。聖書の中には御国の奥義が秘められており、神と親しく交わる者だけが奥義を悟《さと》ることを許されます。

奥義を知ることは、単に神に関する知識があることとは大きく違います。聖書を読む人は大勢いても、全員がキリストの足跡を歩み、聖書が指し示しているいのちに入るわけではありません。私たちが認識しなければならないのは、神の言葉とその中に込められている御心を真に理解する**責任は、私たちの側にある**ということです。

ヨハネ五章でイエスは、聖書の言葉を歪《ゆが》めているパリサイ人を叱責しています。その叱責の中でもイエスは、メシアとしてのご自分のアイデンティティーの証について言及《げんきゅう》しています。

もしわたしだけが自分のことを証言するのなら、わたしの証言は真実ではありません。わたしにつ

いて証言する方がほかにあるのです。その方のわたしについて証言される証言が真実であることは、わたしが知っています。あなたがたは、ヨハネのところに人をやりましたが、彼は真理について証言しました。といっても、わたしは人の証言を受けるのではありません。わたしは、あなたがたが救われるために、そのことを言うのです。彼は燃えて輝くともしびであり、あなたがたはしばらくの間、その光の中で楽しむことを願ったのです。しかし、わたしにはヨハネの証言よりもすぐれた証言があります。父がわたしに成《な》し遂《と》げさせようとしてお与えになったわざ、すなわちわたしが行なっているわざそのものが、わたしについて、父がわたしを遣《つか》わしたことを証言しているのです。また、わたしを遣わした父ご自身がわたしについて証言しておられます。あなたがたは、まだ一度もその御声を聞いたこともなく、御姿を見たこともありません。また、そのみことばをあなたがたのうちにとどめてもいません。父が遣わした者をあなたがたが信じないからです。あなたがたは、聖書の中に永遠のいのちがあると思うので、聖書を調べています。その聖書が、わたしについて証言しているのです。それなのに、あなたがたは、いのちを得るためにわたしのもとに来ようとはしません。（ヨハネ五・31〜40）

はじめにイエスは、証がご自分のメシア性を証言していると述べています。聖書の中で繰り返し証が語られているという重要な原則を、声を大にして訴えています。

すべての事実は、ふたりか三人の証人の口によって確認されるのです。（第二コリント十三・1）

イエスの偉大さに関する証言は、二つの要素から構成されていると論じています。奇蹟のわざと、聖書中に啓示されている父なる神の証の二つです。後にイエスは、「**わたしのうちにおられる父が、ご自分のわざをしておられるのです。**」（ヨハネ十四・10）と宣言されました。この言葉の中でイエスは、ご自分のメシア性を確かなものとするこれらの証言を備《そな》えたのは、父なる神であると言明しています。これによりはっきりわかるのは、聖書と御わざの相互作用によってイエスのメシア性を証することが、神の意図であったということです。私たちが神を知るためには、この両方が必要だということです。

イエスの言葉は、神が証言するときに何が起こるかという根源的な要素についても指摘しています。それは、神の証言は人間の証言よりも偉大である、ということです。

神の言葉と神のわざは切り離すことができません。この世界に存在しているものはすべて、神の言葉によって創造されたからです。神が聖なるお方であることの最大の根拠は、神の言葉がひとつも誤《あやま》りもなく神のご人格を表しているということです。そこで語られているご人格がどのようなものかといえば、神とは語ったことを必ず成し遂げる実力を備えたお方であるということです。

聖書は体験を奨励《しょうれい》している

御言葉の性質上、神が人類に聖書をもたらした主たる目的は、イエスが先の箇所で指摘しているとおり、**私たちが神に期待し、御わざの中に現れる神を認識することです。**

イエスは、パリサイ人が心に御言葉を根づかせていないと言っています。そしてそれは事実です。彼らはイエスを信用せず、いのちを受けるためにイエスのもとに来なかったからです。これが暗示《あんじ》しているのは、御言葉に根差すことの主たる目的は、私たちに神を体験する備えをさせるということです。その備えとは、私たちが信仰によって応答できるようにすることです。信仰は、御言葉が私たちのうちに留まっていることの証拠なのです。

神は聖句を通してご自分を表しているわけですから、私たちの心に不信仰があるなら、聖書を読んでも父なる神の声を聞きそびれてしまうということです。この事実には頭を悩ませます。不信仰は文字通り、私たちの心を盲目にし、聞けなくして、神の声を遮《さえぎ》るのです。それゆえ私たちを通して、また私たちの中で、人を最も鈍化《どんか》させる要因といえば、不信仰を差し置いて他にはないということです。

もし私たちが御声を聞きそびれるなら、神に対して神が望むとおりの応答ができません。神が望むとおりとは、証の中に現れている神を、**体験を通して知ろうとする信仰によって**という意味です。これはパリサイ人の実例によって証明されています。神の証の機能を悟る信仰がないなら、たとえ神が目前に現れても、見失ってしまうのです。

聖書に対してどう応答すべきかという問いかけは、私たちが聖書を読むたびに問題提起されているのです。聖書全体が次のテーマを問い掛けています。**神は人類にご自分を啓示しているが、信仰によって応答するか、不信仰によって応答するかは、私たちにかかっており、その選択が私たちに対する神の接し方に影響を与える、**ということです。

私たちは、聖書のいろいろな箇所に目を向けるたびに、この事実が聖書中に満ちているのを目の当《ま》《あ》たりにします。そもそも証という言葉は、聖書から発信されているのです。

神の箱が運んでいたのは証だった

聖書に出てくる「証」という言葉のワードスタディーをしてみると、注目すべき発見に出会います。この言葉が最初に登場するのは出エジプト記十六章三四節ですが、それが単なる証ではなく、珍しい証であることがわかります。

二番目に登場するのは、「証の箱」というフレーズの中です（出エジプト記二五・16参照）。まだ二回しか登場していませんが、この段階で出エジプト記を読み返し、珍《めずら》しい証と証の箱がどのように登場するかを、文脈の中で把握《はあく》しておくべきであるのは確かです。

イスラエルの民を神がエジプトから解放した物語は、人類史上で最も劇的で、奇蹟あふれるものです。イスラエルの民を解放する過程で、神はあらゆる妨げを排除《はいじょ》します。十の災《わざわ》いでエジプト人を圧倒し、紅海を分け、荒野の中で民全体に水を供給し、不思議なパンを天から降らせました。

しかしこれらのわざはみな、ある重大な事柄と関連しています。民がシナイ山に到着したとき、神は民に対してひとつの提案をしました。

あなたがたは、わたしがエジプトにしたこと、また、あなたがたをわしの翼に載せ、わたしのもとに連れて来たことを見た。今もしあなたがたが、まことにわたしの声に聞き従い、わたしの契約を守るなら、あなたがたはすべての国々の民の中にあって、わたしの宝となる。全世界はわたしのものだから。あなたがたはわたしにとって祭司の王国、聖なる国民となる。……（出エジプト記十九・4〜6）

民がこの提案を受け入れると、神は十戒をはじめとする契約の詳細を、モーセに語り始めました。モーセがそれを民に読み聞かせると、民はそれらに従うと言いました。その後神は四十日にわたりモーセとシナイ山で会見し、神の幕屋の建て方やその中での奉仕の仕方について、詳細を告げました。興味深いのは、主が民の間に住まうということや、生活上の戒律について民に語ったとき、主に近づく方法についてだけ、二倍の時間を費やして語られたことです。この件については後述します。

もうひとつ興味深い点は、主がモーセに幕屋の建て方を告げたとき、神の箱に関する詳細を真っ先に告げたことです。神の箱は、神の幕屋の調度品の中で最も重要なものでした。その理由は次の箇所で明らかにされています。

アカシヤ材の箱を作らなければならない。長さは二キュビト半、幅は一キュビト半、高さは一キュビト半。これに純金をかぶせる。それは、その内側と外側とにかぶせなければならない。その回りには金の飾り縁を作る。箱のために、四つの金の環を鋳造し、それをその四隅の基部に取りつける。一方の側に二つの環を、他の側にほかの二つの環を取りつける。アカシヤ材で棒を作り、それを金でかぶせる。その棒は、箱をかつぐために、箱の両側にある環に通す。棒は箱の環に差し込んだままにしなければならない。抜いてはならない。わたしが与えるさとしをその箱に納める。また、純金の『贖いのふた』を作る。長さは二キュビト半、幅は一キュビト半。槌で打って作った二つの金のケルビムを『贖いのふた』の両端に作る。一つのケルブは一方の端に、他のケルブは他方の端に作る。ケルビムを『贖いのふた』の一部としてそれの両端に作らなければならない。ケルビムは翼を上のほうに伸べ広げ、その翼で『贖いのふた』をおおうようにする。互いに向かい合って、ケルビムの顔が『贖いのふた』に向かうようにしなければならない。その『贖いのふた』を箱の上に載せる。箱の中には、わたしが与えるさとしを収めなければならない。わたしはそこであなたと会見し、その『贖いのふた』の上から、すなわちあかしの箱の上の二つのケルビムの間から、イスラエル人について、あなたに命じることをことごとくあなたに語ろう。（出エジプト記二五・10～22）

神の箱は、幕屋の中で最も聖なるものでした。なぜならこの容器の上には、神の臨在を表す栄光が留っていたからです。神の箱は証の箱とも呼ばれました。というのは、先述したとおり、神の臨在が現れる箱の中には、特殊な証が納められていたからです。

この証が何であるかは、モーセが神と会見する聖句を見るとわかります。

こうして主は、シナイ山でモーセと語り終えられたとき、あかしの板二枚、すなわち、神の指で書かれた石の板をモーセに授けられた。（出エジプト記三十一・18）

箱の中に納められた二枚の石の板は、実際はモーセがイスラエルの民の罪を怒って原版を壊してしまったため、再び作り直した再生品でした。しかし神の箱の中には、石の板とともに、もう二種類の備品が納められました。ヘブル書の著者が、神の箱の中身を簡潔に記述しています。

第二の垂れ幕のうしろには、至聖所と呼ばれる幕屋が設けられ、そこには金の香壇と、全面を金でおおわれた契約の箱があり、箱の中には、マナのはいった金のつぼ、芽を出したアロンの杖、契約の二つの板がありました。また、箱の上には、贖罪蓋を翼でおおっている栄光のケルビムがありました。しかしこれらについては、今いちいち述べることができません。（ヘブル九・3～5）

備品の意味を見る前に、モーセが箱の中に備品を納めた後は、二度とそれらが取り出されなかったことに注目してください。民がそれらを再び見ることはありませんでした。

十戒については民に知られないようにと、神が命じなかったことは明らかです。実際、神はモーセに命じて、律法の書に書かれているすべてのことを民に教えさせました。このように、民にはすでに律法の書があり、神はその書に書かれていることを守れと言っていたのですから、わざわざ十戒の板を箱にしまって荒野の中を運び回る必要はなかったはずです。詰《つ》まる所、イスラエルの民の持ち物はそれしかありませんでした。民が神の臨在を怖がったからです。山のふもとにいたとき、神が現した御力や雷、稲光、その他のしるしに怯《おび》えるあまり、民は自分たちの代わりにモーセを神と語らせました。

モーセが仲介者として神と民を取り持っていた間、神は生活上の規則を差し出し、それを民に押しつけ、自分は座り込んで眺めていたわけではありません。ここで重要なのは、民に完璧な律法が与えられたことではなく、神ご自身が彼らとともにおられたことです。

神が幕屋の建て方を説明するのに長い時間をかけた理由が、ここにあるからです。この幕屋の中にあるすべてのものは象徴であり、預言的なものでした。備品が表していたのは神の性質の一面であり、神との関係です。幕屋の中で行われたすべてのことは、祈りや礼拝の中で神に近づくことを通して、神と民の関係を維持《いじ》することに集約されていました。民が、神と神の幕屋を取り違えることがないように、神は何年間も、荒野の中で雲の柱について行かせました。神がとどまるところすべてにおいて幕屋を建てさせました。いつも民は、会見の天幕でモーセと語る「神」を見ました。民のアイデンティティーや人生の目的、自己の定義を形成したのは、幕屋や律法ではなく神の臨在でした。

それゆえ私たちは、証とは単なる言葉でも石の板でもなく、聖なる遺物でもないことを心にとめなければなりません。そこに書かれていた言葉が重要である理由は、それを語ったお方が重要だからなのです。神の意図は、民に証拠品を保存させることでした。神には約束したことを実行する能力があることを、裏付けるものだったからです。

証が神の箱に納められていた意味は、神が超自然的な方法で民に啓示を授《さず》けたことを物理的な方法で明らかにするためでした。石の板が象徴していたのは、シナイ山における神との出逢いです。民は、生ける神と自分たちの間で契約が結ばれた事実を記憶しました。自分たちが神にどのように接すればよいのか、また民同士がどのように接すればよいのかを教える神の命令が与えられた事実を記憶したのです。

マナが入ったつぼの意味は、民のために主が超自然的な食糧供給をなしたことを物理的に明らかにすることでした。面白いことに、この食糧の供給はただ身体のためだけではなく、たましいのためでもありました。なぜならマナを与えることによって、神は安息日には休まなければならないことを規律化したからです。六日目に二日分のマナを与え、七日目にはマナを集めるために労しなくても済むようにしました。

アロンの杖は、神の権威が誰に与えられていたかを示すしるしでした。あるとき民がアロンの権威を疑ったため、民の指導者たちは十二本の枯れたアーモンドの枝を幕屋に並べました。一夜経過してから民が枝を回収したところ、アロンの杖だけ、超自然的に芽を出し、つぼみが現れ、花が咲き、熟したアーモンドの実を実らせていたのです（民数記十七・8参照）。この啓示は、神が任命した指導者のしるしは、復活のいのちであることを表しています。芽や花や熟したアーモンドの実によってアロンのアーモンドの枝に新しいいのちがあることが認められたように、こんにちの指導者は生活のすべての領域において成長していかなければなりません。必ずしもあらゆる面での成熟(熟したアーモンド)が求められるということではなく、いのちに溢れていることが大切です。

証は契約を示す

先に引用した箇所にあるとおり、証となる備品は贖罪蓋によって覆われていました。この贖罪蓋の上に神の臨在がとどまっていました。この意味は捉《とら》えておかなければなりません。証の上には神の憐れみがとどまっているからです。証という言葉と契約という言葉が、入れ替え可能な表現として使われていたことを考慮すれば、このことに納得がいくはずです。

契約の主眼《しゅがん》は、その契約を結んだ当事者同士の関係にあります。両者が互いの関係について合意したガイドラインがないことには、関係が成り立たないことは明白です。証（律法）は、神と民の間で結ばれた契約関係の本質を説明するために、要《かなめ》となる役割を果たしました。その点は、契約不履行《ふりこう》の条件についても同様です。

しかし神が民に授《さず》けたガイドラインは、神が民と関係を築こうとしていたからこそ意味がありました。たとえ誰かと結婚したとしても、人格的な交わりがなく、伴侶《はんりょ》が望むことといえば、単に相手が誓った事柄を毎日勉強することや、自分が約束したことを実行することだけだったら何の意味もありません。表面的な行いだけが先行するなら、成功した結婚とは言えません。

残念なことに、人類がアダムとエバの堕落を通して無知や不信仰を継承した結果、この例話どおりのことが当時のイスラエルの民に起こりました。そしてそれは、歴史を通じて人類全体にも起きているのです。

こうして証と古い契約は、イスラエルの民の罪深さを神の前に顕著《けんちょ》に表す要因になりました。罪深い人間が即座《そくざ》に死ぬことなく神に近づけるようにするため、神は厳格《げんかく》な境界線を設けざるを得ませんでした。その境界線は人々を遠ざけるためのものではなく、神が人に対して何を要求しているかを教えるための境界線でした。

イスラエルの民がシナイ山に到着したときには、とても模範的とは言えない状態でした。食べ物や水のことで文句を言い、エジプトに帰りたいと言いだしました。また集めに行くべきでないときにマナを余計《よけい》に集めたり、安息日でマナが降らないときに集めに出て行ったりしていました。

神は、奴隷であった民の理解が、神が望むものとは程遠いことを知りました。そこで神は、会見の初期の段階で厳格な規定を設けました。主は民に自らを聖別し、シナイ山に近づかないように命じました。**「主が彼らに怒りを発せられないために」**（出エジプト記十九・24）です。この時点で神は怒り始めており、民もそれを悟《さと》りました。神はまったく聖いお方であり、恐れるべき存在です。民は怯《おび》えましたが、モーセが気づいていたことを彼らは悟ることができませんでした。つまり、神が御力と聖さを現した理由を悟らなかったのです。

民はみな、雷と、いなずま、角笛の音と、煙《けむ》る山を目撃した。民は見て、たじろぎ、遠く離れて立った。彼らはモーセに言った。「どうか、私たちに話してください。私たちは聞き従います。しかし、神が私たちにお話しにならないように。私たちが死ぬといけませんから。」それでモーセは民に言った。「恐れてはいけません。神が来られたのはあなたがたを試みるためなのです。また、あなたがたに神への恐れが生じて、あなたがたが罪を犯さないためです。」そこで、民は遠く離れて立ち、モーセは神のおられる暗やみに近づいて行った。（出エジプト記二十・18〜21）

モーセのように神に近づくことを学ぶことよりも、むしろ神と距離を置くことのほうが必要だと、民は考えました。民がこのような選択をしたことにより、また神と契約を結んだほんの数日後に金の子牛を拝《おが》むという選択をしたことも災《わざわ》いし、神は、初めから終わりまで祭司によって執《と》り行われる儀式的な礼拝を確立せざるを得なくなりました。思い出してください。神ははじめ、イスラエルに祭司の王国になる提案をしていたのです。しかし結局は、祭司の部族だけが聖所に仕えました。しかも神の箱の前に出ることが許されたのは大祭司だけで、それも年にたった一度、大贖罪の日だけに限られたのです。

民の心がかたくなだったので、神は民を滅ぼしてしまわないようにという憐れみによって、ご自分の栄光の現れを民の前から隔離《かくり》しました。民は神を拒絶しましたが、だからといって神は彼らを拒絶しませんでした。神は単に対策を講じただけです。幕屋を設け、(特に大贖罪の日に捧げられる子羊の)いけにえを通して、正義の神が崇《あが》められるという方法を暫定的《ざんていてき》に取りました。民の中に主がとどまるには、そうするしかなかったのです。

これらのガイドラインは、ご自分の聖さから民を守るためのものでした。ただモーセとダビデだけは、彼らの深い聖別のゆえ、神は律法の規定を免除して、御前に近づくことを許されたようです。前述したとおり、信仰によって神の啓示に応答するか、不信仰によって応答するかで、私たちに対する神の接し方が変わってくるのです。この事実は、証にまつわる歴史の中に顕著《けんちょ》に現れています。神の御心には、異なる状況に応じた多様な対応を取る側面があることを指し示しています。

もし神の発言や行動のすべてが神の本来の願いを表していると解釈するなら、聖書は混乱しており、矛盾があることになります。たとえば旧約聖書には、「**罪を犯した者は、その者が死ぬ**」（エゼキエル十八・4）とあります。新約聖書には、「**主は、ある人たちがおそいと思っているように、その約束のことを遅らせておられるのではありません。かえって、あなたがたに対して忍耐深くあられるのであって、ひとりでも滅びることを望まず、すべての人が悔い改めに進むことを望んでおられるのです。**」（第二ペテロ三・9）とあります。前者の御心よりも、後者の御心のほうが高尚《こうしょう》です。後者はキリストによる十字架の功績《こうせき》のゆえに、人に対して神がかかわる条件が変更された後に啓示されているからです。

神の心を慕い求めた男

キリストが来る以前でさえも、モーセの先例を踏襲《とうしゅう》し、「神のおられる暗やみに近づいて行った」

人物がいました。

ダビデは、旧約聖書においてはまれに見る逸材《いつざい》でした。なぜなら、神はご自分が願う関係の持ち方についての御心を隠していましたが、ダビデはその御心に気づいていたからです。ダビデは、神が雄牛やヤギの血ではなく、罪を悔いた感謝の心を喜ぶことに気づいていました。

この気づきのゆえに、彼は想像を絶することを行ないました。契約の箱を運び出したのです。大祭司が年に一度しか近づくことが許されないものを、自らが考案した天幕の中に運び上りしました。天幕で二十四時間毎日礼拝を捧げるため、祭司たちを任命しました。単なる思い付きでやったのではありません。一回目の試みでは、神の箱を牛車に載せてエルサレムに行く途中、ウザが死んでしまいました。しかし神の臨在を慕うダビデの心は、契約の箱の前で捧げられる、神との個人的で情熱的な礼拝を確立させました。専門的なことをいえば、祭司ではない者には違法となる行為ですし、イエスの血が流される以前の人間には許されないことでした。

詩篇の著者は言います。


まことに、あなたのさとしは私の喜び、私の相談相手です。……　私は私のすべての師よりも悟りがあります。それはあなたのさとしが私の思いだからです。（詩篇百十九・24、99）。

知恵と洞察力、そして神への情熱は、証を通してやって来るのです。

また神を慕うダビデの心は、証の継続的な学びによって養われていたようです（詩篇一三九・8、14、一四五・4、5、9参照）。証が機能することにより、贖罪蓋の上に座す神との会見の背景となっていた啓示が明らかにされ、神に近づく道案内がなされたのです。その結果、神はダビデが臨在の中に入ることを許可し、交わりと礼拝を体験させました。その交わりと礼拝は、こんにちすべての新約の民に開かれています。このことはメシアである御子の父祖として選ばれたダビデが、証の本質を理解していたことを示しています。

神がイスラエルに証を授けた歴史から浮上してくるのは、**なぜ神がこの罪深い民族と契約を結ぶことを望まれたのか**、という疑問です。神はその時点において、十字架で罪を処理する計画をすでに立てていたにもかかわらず、罪の問題を解決できなかった礼拝体系をなぜ望んだのでしょうか。

この答えについては、私たちはすでにヒントを得ています。パリサイ人を叱責《しっせき》したイエスの言葉の中に、答えを見ることができるからです。神が証を与えたのは、メシアの来臨《らいりん》に備えて、神の民を訓練し整えるためでした。ガラテヤ三章二四節はこう述べています。

こうして、律法は私たちをキリストへ導くための私たちの養育係となりました。私たちが信仰によって義と認められるためなのです。

ダビデは、証と古い契約は、神の本来の願いを表していないことを理解していました。律法の役割は、民がメシアを求めて声を上げ、メシアを受け入れる備えをさせることだったのです。

生ける証、イエス

イエスは、ご自分が来たのは律法と預言者を成就《じょうじゅ》するためだと宣言しました（マタイ五・17参照）。言い換えるなら、イエスは古い契約の要求を満たすために来たということです。イエスによる律法の成就は、多くの豊かさに富んでいます。新約聖書の筆記者をはじめ、多くの者たちが追及したのは、まさにその豊かさでした。

特にヘブル書は、出エジプトにおける証の授与《じゅよ》と幕屋の設立について解説しており、幕屋の調度品や幕屋内での奉仕は、キリストがその死と復活によって成し遂げられた、より優れた霊的奉仕の予型《よけい》であったと述べています。

ヘブル書は、イエスは神と人を仲介する大祭司であると述べています。私たちの代表者としてイエスは天の至聖所に入り、私たちの罪を贖うためにご自分の血を贖罪蓋にふり掛けました（ヘブル九・1〜12参照）。しかし人類に対する神の使者であるキリストは、神の幕屋として人の間に住まわれました。このことについてヨハネ一章一四節は、「**ことばは人となって、私たちの間に住まわれた。**（幕屋を張られた）」と記しています。

こうしてイエスは、契約の箱が指し示していた実体を体現《たいげん》しました。ノアが箱舟を建造するのに使用したのと同じです。アカシヤ材製の箱が暗示していたのは、イエスがこの世にもたらす贖罪でした。箱を覆っていた金は、神の内外を覆う栄光を象徴していました。ケルビムは神に仕える天的存在です。贖罪蓋には子羊の血がふり掛けられ、そこから神はモーセに語り掛けました。この贖罪蓋が象徴するものは、イエスが父なる神から受け取り、人類に差し出した救いと罪の赦しです。最後に、イエスは契約の箱の中にあった備品、つまり石の板、マナ、アロンの杖を、律法の成就と超自然的な食糧供給、天の油注ぎと権威によるわざによって具現化《ぐげんか》しました。そのわざは、蘇《よみがえ》りのいのちの提供により証されています。

キリストは、この世に対する生ける神の証です。イエスの存在が指し示したすべて、イエスが語り行なったことのすべては、神の契約の性質を表していました。神の願いは、この契約をご自分の子たち全員と結ぶことでした。イエスのいのちと死により、イエスは私たちが神に近づき、神を知り、神とともに歩むための環境を創設しました。

「キリストの内にある」とは、私たちがキリストの祭司職の様々な側面に実際に参加することを意味します。またキリストにあって私たちは、至聖所で霊的な礼拝を捧げ、神に仕えます。至聖所には、キリストが自ら私たちのために設けてくださった、「新しい生ける道」を通って入ります。

こういうわけですから、兄弟たち。私たちは、イエスの血によって、大胆にまことの聖所にはいることができるのです。イエスはご自分の肉体という垂れ幕を通して、私たちのためにこの新しい生ける道を設けてくださったのです。また、私たちには、神の家をつかさどる、この偉大な祭司がありますす。そのようなわけで、私たちは、心に血の注ぎを受けて邪悪な良心をきよめられ、からだをきよい水で洗われたのですから、全き信仰をもって、真心から神に近づこうではありませんか。（ヘブル十・19～22）

その一方で、キリストの内にあるとは、聖霊の内住を体験することでもあります。それにより至聖所は、今や私たちの内側に宿っています。パウロは言いました。

あなたがたは神の神殿であり、神の御霊があなたがたに宿っておられることを知らないのですか。

（第一コリント三・16）

この問いかけの意味するのは、私たちが今や証を宿しているということです。御子を通して結ばれる、新しい契約の実体を宿しているのです。この新しい契約については、御子が預言者エレミヤによって宣言しました。

見よ。その日が来る。――主の御告げ。――その日、わたしは、イスラエルの家とユダの家とに、新しい契約を結ぶ。その契約は、わたしが彼らの先祖の手を握って、エジプトの国から連れ出した日に、彼らと結んだ契約のようではない。わたしは彼らの主であったのに、彼らはわたしの契約を破ってしまった。――主の御告げ。――彼らの時代の後に、わたしがイスラエルの家と結ぶ契約はこうだ。――主の御告げ。――わたしはわたしの律法を彼らの中に置き、彼らの心にこれを書きしるす。わたしは彼らの神となり、彼らはわたしの民となる。（エレミヤ三十一・31～33）

私たちのすべきことは、イエスと同じ方法で証の実体と力を解き放つことです。イエスは、証の箱とは異なる方法で神を表しました。霊的実体を指し示すだけの物を納めた箱と、その実体を体現する生ける証とでは、確かに大違いです。

箱に保存されていたのは神が過去に行ったわざの遺品に過ぎませんが、イエスは誰でも見ることができる神のわざを宣言し、実践しました。イエスは公生涯の秘訣《ひけつ》を包み隠すことなく、弟子たちの前に繰り返し表しました。イエスは父なる神が行なっていることを見てはそれだけを行い、語っていることを見てはそれだけを語りました。それほどイエスと父なる神は本質において類似しており、完全な一致の中にいたのです。

この類似性と一致こそ、契約の心です。イエスが語るたびに神の御霊を解き放つことができたのは、まさに神との完全なる一致のゆえでした。イエスは言葉とわざの中で、証の神を文字通り再現していたのです。前章で述べた通り、キリストは、より優れた神との契約関係に入る道を切り開いてくださいました。また、イエスと同じ方法で神を表す者として、私たちを召してくださいました。証を宿すことは、記憶に残る過去の神のわざをいつまでも保存し続けることではありません。言葉や行いによって、周囲の人々に神がどのようなお方かを表すことなのです。

ヘブル語の「証」という言葉は、「繰り返す」「再び行う」という意味の言葉から派生《はせい》しています。

この繰り返しに、「語ること」と「行うこと」という二つの側面が内包《ないほう》されていることは注目に値します。証は、言葉と行いによって繰り返される性質を持つのです。この性質は、先に引用した聖書箇所に基づいています。神の言葉は、わざと切り離すことができないのです。

また証が繰り返されるという性質は、契約を結び、それを忠実に守る神の本性に由来するものです。私たちが主の証を語るとき、実際に私たちが何をしているかというと、私たちと関係を持つことを約束する神の**アイデンティティ**を表しているのです。それればかりか、私たちは過去において契約の更新と契約の表示がなされたように、現時点でもそれらがなされることを天に対して求めているのです。

後述しますが、こうした事柄を天に求めることこそ、まさしく神が私たちに願っていることです。神はご自分の証を繰り返すよう、私たちに命じています。そうすることによって、神が過去に行なわれたことを再び行なわれる環境と機会を設けることになるからです。イエスがそうであったように、証を語ることにより、私たちの内にある神の臨在が周囲の人々に解き放たれる環境作りをすることになるのです。

私たちは行く先々に、キリストの贖罪蓋を運んでいます。私たちが神の証を語ることにより、聞く人々が神と会見できる場が設けられることになります。これは力強い霊的現実ではありますが、その力の現れを期待できるのは、ダビデの先例に倣《なら》い、主の証を自分の喜び、また自分の助言者とするときです。もしこの契約関係における自分の役割を全うするつもりであるなら、私たちは証を保存することを学び、そうする中で神の力を周囲の人々にもたらすことを学ばなければならないのです。

第四章　証を守る

申命記はすべての敬虔《けいけん》なユダヤ人にとって、成長の過程で繰り返し学ばなければならない書物でした。聖書の中で、申命記ほど実生活に必要な書物はなかったからです。申命記には、日常生活や人間関係、家族関係、仕事や礼拝に関するあらゆる教えが記されています。イスラエルが契約の民として成功するために、欠かせない書物でもありました。次の箇所には、この書物の中で最も実践に即した教えが書かれています。

私がきょう、あなたに命じるこれらのことばを、あなたの心に刻みなさい。これをあなたの子どもたちによく教え込みなさい。あなたが家にすわっているときも、道を歩くときも、寝るときも、起きるときも、これを唱《とな》えなさい。これをしるしとしてあなたの手に結びつけ、記章として額《ひたい》の上に置きなさい。これをあなたの家の門柱と門に書きしるしなさい。（申命記六・6〜9）

要約して言うと、申命記の中で神は、次の三つの基本事項を民に求めました。それは子どもの教育の問題、日常会話の問題、そして目に触れる方法による教えの想起《そうき》です。これら三つの規範《きはん》は、神の言葉の三つの側面を落ち度なく守るための鍵でした。神は民に対してこう言われました。

あなたがたの神、主の命令、主が命じられたさとしとおきてを忠実に守らなければならない。（申命記六・17）。

主の命令を守ることは平易《へいい》です。書かれていることを実行するだけだからです。神が両親を敬えと言うなら、両親を敬えば良いのです。しかし主の掟《おきて》を守ることとは、少し違います。神の掟とは、神の命令や生活規範の根底にある原則であり、価値基準だからです。たとえば両親を敬うなら長寿できる、と神は約束しています。この約束が表しているのは、いのちは尊敬を通して流れ出るという、神の本性と神の国の掟（原則）です。神が掟を守らせる理由は、神が言うことだけを私たちにさせたいからです。特定のことを行うように命じている理由を、神は理解させたいのです。

つまりこの世界を司《つかさど》っている原則を、私たちに教えたいのです。それは私たちが神の子どもとして成熟し、神のように考え、神の方法で人生を秩序づけ、人生に成功するためです。

では主の証を守る、とはどういう意味でしょうか。その答えを出すには申命記六章六～九節に戻り、そこに書かれている重要な規律を学ぶ必要があります。この箇所が示しているのは、歴史への神の超自然的介入の物語である証を、命令や掟とともに子供たちに語ること、また日常会話でも証を語ること、そして証を思い起こさせる記念碑を設けること、の三つです。

簡単に言えば、証を**記憶**し、繰り返し**宣言**すべきだということです。申命記六章の「守る」という言葉は、「見張る」「保存する」という意味です。ここに込められているメッセージは明らかです。神が行なってきたこと、すなわち証から目を離さず、忘れてしまわないように保ちなさい、ということです。私はイエスの証を思い巡らすことがよくあります。そして**それを眼鏡《めがね》にして人生を眺める**のです。人は超自然の歴史をすぐに忘れてしまいます。奇蹟が伴わない人生に満足していると、特にそうなります。

クリスチャンであるにもかかわらず奇蹟のない生活を送っていると、私たちは本能的に、奇蹟が起きない理屈《りくつ》をつけたくなります。そうすることによって、劇的な変化のない現状の中でも生きていけるようにするためです。奇蹟が起こらないことに神学的な理由をつけるのは、実に易しいことです。しかしむしろ私たちは、奇蹟が起こらない理由を見つけ出し、私たちの人生に超自然のわざを望まれるお方に求める必要があるのです。

力に満ちた宣言

私たちは、主の証を宣言しなければなりません。宣言と力の解放の間には、明確な因果関係《いんがかんけい》があるからです。

創世記一章は、宣言がなされない限り神の国では何ひとつ起こらないことを教えています。この原則は、神がご自分で直接語る場合でも、クリスチャンの口に語らせる場合でも同じです。

神がアダムに自然界を司る使命を与え、彼が命名するままに動物たちの名前が決まっていったことは、宣言には力があること、また神が初めから人類に宣言の力を授《さず》けていたことを物語っています。人類の堕落後、預言者として神の召しに応じる人は、ほんの一握《ひとにぎ》りになってしまいました。それでも多くの者たちが、神の民を神との親しい関係に戻そうとする神の御心を理解していました。

神の願いは、一部の者たちだけでなく、すべての人が神の御声を聞けるようになり、それを宣言し、周囲の世界に宣言した言葉を成就させることでした。モーセはこう言いました。

「主の民がみな、預言者となればよいのに。主が彼らの上にご自分の霊を与えられるとよいのに。」（民数記十一・29）。

ヨエルはこう宣言しました。

その後、わたしは、わたしの霊をすべての人に注ぐ。あなたがたの息子や娘は預言し、年寄りは夢を見、若い男は幻を見る。（ヨエル二・28）

またイザヤは、神の願いはすべての人が預言の油注ぎを受けることだと宣言しました。

「わたしは、わたしのことばをあなたの口に置き、わたしの手の陰にあなたをかばい、天を植え、地の基を定め、『あなたはわたしの民だ。』とシオンに言う。」（イザヤ五一・16、英訳より）

天はどこに植えられるべきでしょうか。神が地の基を定めたのと同じ場所、すなわち地上です。「天を植える」という概念は、イエスの教えと同じ響きを持っています。

御国が来ますように。みこころが天で行なわれるように地でも行なわれますように。（マタイ六・10）

これは預言的な宣言ですが、将来の出来事について言及するというよりも、物事を生じさせることに焦点《しょうてん》が当てられています。

イエスは、これらの預言的な働きの模範を示してくれました。主は出来事を予告しただけではありません。主が言葉を口にするや否や、その通りに実現したのです。主の言い方はこうです。

わたしがあなたがたに話したことばは、霊であり、またいのちです。（ヨハネ六・63）

主は何かを語るたびに、その場に御霊を解き放っていました。そして御霊のうちにあった御国の現実が、地上の現実を変えたのです。

イエスが公生涯で行われたすべてのことを思い出すことは、極めて重要です。神としての特権と力を捨てて人となられたのは、私たちにクリスチャン生活の模範を示すためだったからです。イエスは私たちもまた、聖霊の臨在と力で語ることによって御霊を解き放ち、「天を植えて」、周囲の世界に変化をもたらすようになることを示されたのです。

真の預言的な言葉は周囲の空気を変え、言葉を実現することにより、出来事を連鎖的《れんさてき》に引き起こす火付け役として機能します。それゆえパウロは、次のように勧めました。

愛を追い求めなさい。また、御霊の賜物、特に預言することを熱心に求めなさい。（第一コリント

十四・1）

私たち全員がこの熱心さで満たされるべきです。それは必ずしも預言者という職務に就《つ》くためではありません。御霊の賜物において成長し、神が言われることを聞いて宣言するためです。天を開いて天使の働きを地上に引き寄せるとは、そういうことです。天使の主要な働きは、神の言葉が宣言されたときに、それを確実なものにすることだからです。

この真理は証を宣言することの原動力です。思い出してください。一章で述べたとおり、「イエスのあかしは預言の霊です。」（黙示録十九・10）。私たちが神の働きを宣言すると、創造的で預言的な油注ぎが解き放たれ、周囲の空気を変えます。**証を宣言すると、その証を一番初めに引き起こした油注ぎを再稼働《さいかどう》させることになります。しかし最初の証もまた、宣言によって引き起こされていたのです。つまり証は繰り返されるということです。**

これは証という言葉に込められている「繰り返し」の本質です。主の証を宣言すると、疑う余地のないほど頻繁《ひんぱん》に、この繰り返しが起こるのを私は見てきました。神が権威を解き放ち、言葉を実現し、奇蹟を再生するのです。

証の宣言を説教のような形でする必要はありません。普通に声に出して語るだけでよいのです。中命記では、証が会話の中でなされると書かれていました。あるとき私は、ひとりの男性と話をしていました。すると彼は、鎖骨《さこつ》にしこりがあるとやみくもに言い出しました。数年前に潰《つぶ》したのですが、きれいに治らなかったそうです。私は、骨折が癒やされるのを何度も見たことがあると言いました。すると男性の奥さんが彼の手を取ってしこりの上に置き、「あなたは癒やされています！」と言いました。それだけでした。すると骨の出っ張りがなくなったのです。これも証の力でした。

このダイナミックな効果を見た結果、人々を奇蹟の歩みに導きいれる一番の近道だと私が気づいたのは、ランディー・クラークが主催する「グローバル・アウェイクニング」というツアーで彼らをブラジルに行かせることでした。このツアーに参加すると、無数の奇蹟を目撃することができます。それらの奇蹟は、どこにでもいるごく普通のクリスチャンを通して起こるのですが、そのクリスチャンたちがどういう人かというと、北アメリカの教会にある「抑圧的《よくあつてき》な」環境を逃れて、神が奇蹟を行うことが当り前になっている国で用いられるようになった人たちです。

大事なのは集会後の体験です。奉仕チームのメンバーたちは、夕食のテーブルについているときや、その辺をぶらぶらしているときに、奇蹟の話をし始めるからです。彼らはアメリカでお馴染《なじ》みの請求書の支払いの話や教団のいさかいの話はしたがりません。彼らが話したがるのは、両目の瞳がなかった人に瞳がとつぜん出てきて目が見えるようになったとか、腫瘍《しゅよう》が消えてなくなったとか、四肢麻痺《ししまひ》の人が車椅子から立ち上がって歩いたという話です。

帰宅する頃にはこれらの証によって参加者たちの信仰に勢いがついており、体験できるとは思ってもいなかった力の世界に入っていくのです。参加者は、証を語ることを通して、奇蹟が連発するライフスタイルの中に飛び込むことになります。

ここで指摘《してき》しなければならないことがあります。長年の奉仕でいろいろな場所に赴《おもむ》いて気づいたのですが、証に預言的な側面があるという概念は、多くの人にとって聞き慣れないものだということです。

たいていの場合、人々が証に対して持っている価値観は、過去に私自身が持っていたものと同じです。私も人が神と出会い、人生が変えられた話を聞くのが大好きでした。証を聞くといつも励まされ、神を賛美し讃《たた》えずにはおれませんでした。しかしそれらの証を聞く中で、奇蹟が語られ、それを聞いた人たちに同じ奇蹟が起きたという話を耳にした記憶は一度もありません。

そういうことが起きなかったと言っているのではありません。そういう話に気がつかなかったと言っているのです。(救いの証を聞いた後で、別の人が救いの招きに応じたという話は聞いたことがありますが、それ以上の話を聞いたことがないのです。)

証には常に油注ぎがあるというのは事実です。しかし無知のゆえに、私たちは手に入るはずのものを受け取ってきませんでした。聖書に「**わたしの民は知識がないので滅ぼされる**」（ホセア四・6）と書かれているとおりです。神の働きに関する啓示がなければ、私たちは信仰によって求めることすらできませんし、天の潜在的《せんざいてき》な祝福をつかみ取ることもできないのです。たとえそれが、私たちの目前に隠されていてもです。長血の女の話の中に見られるのがこの問題です（マルコ五章参照）。誰かがイエスに触れ、群衆が周囲から押し迫っていました。しかし触れるだけで女が癒やされるのを見たのは、ひとりだけでした。女は、受け取れるものに関して啓示を受けていました。それゆえ信仰が与えられており、手を伸ばしてその癒やしを掴《つか》み取ることができたのです。

瞑想による管理

管理を始めるには、管理すべきものが何であり、どういう理由でそれを管理するのかを知らなければなりません。

今このとき感謝すべきことが、私たちにはたくさんあります。聖霊が証の力の啓示を回復し、神の民に奇蹟を解き放っておられるからです。私たちの誰もがその力に預《あず》かれます。それは手の届くところにあるのです。神は憐れみ深いお方で、私たちを無知から救い出し、信仰から信仰へ、栄光から栄光へと導いてくださるのです。

しかし私は同時に、御国に関するもうひとつの真理を強調したいのです。神の国はすぐにでも地上に現れるのだろうか、という弟子たちの会話に応答する形で、イエスは、ある男性の譬《たと》え話をしました。彼はしもべたちにお金を渡し、それを管理させました。お金に対する忠実さに応じて、将来、都市を支配する権威を割り当てるためです（ルカ十九・11〜27参照）。ミナの譬《たと》え話が教えているのは、神から御国の富を任《まか》されたなら、私たちはそれを管理すべきだということです。

宣言によって変化をもたらす力と権威を用いる資格は、それを**管理する忠実さ**に従って与えられるということです。

証の力を現すことによって神が教えようとしているのは、神の国の原則には効果があるということだけではありません。**神を知る知識**をもたらそうとしているのです。神が過去に行なったことの物語の一つひとつの中には、必ず神の本性の解き明かしがあり、体験的に神を知ることへの招きがあるのです。

証の油注ぎの目的は、神と神の本性を知らせることです。なぜなら証は、一種の**契約**だからです。証の目的は、私たちを神との関係の中に導きいれることです。ただし神の啓示には重みがあります。神の証の中に神のご人格が表されているのを見るとき、私たちは神に応答することなしに立ち去ることはできません。必ず二つのうちどちらかに応答することになります。神のご人格を表す啓示により、自分の考え方を変え示された神の実像を理解するか、真理に反発して心をかたくなにするかです。わかり易《やす》く言えば、神に近づくために一歩踏み出すか、後ずさりするかです。

申命記が教えていることは、神に近づくことを願うなら、自ら進んで前向きになるべきだということです。リラックスして神のわざを称賛するだけなら、惑《まど》わしに陥《おちい》ることになります。自分は証によって示された啓示を受け取り、神が望むとおりに応答したのだと思い込むのです。

もちろん神が行なったことのゆえに、神を称賛すべきなのは当たり前です。しかしそこで立ち止まってはいけません。証が実際に私たちの思索と行いを変えない限り、証を**守る**ことにはならないからです。証に込められた神に関する啓示は、私たちを訓練するためにあります。神の視点で霊的現実を見る訓練です。それにより私たちが信仰の行動をとるためです。訓練は、それがどのようなものであっても**実践**を要します。軍隊でもそうですし、楽器の演奏を学ぶ場合でも同じです。証の中にある栄養素をすべて吸収する唯一の方法は、常に神の不思議なわざを語るライフスタイルを実践することです。

イエスは宣言されました。

天の御国は……激しく攻める者たちがそれを奪い取っています。（マタイ十一・12）

こうも言われました。

わたしの味方でない者はわたしに逆らう者であり、わたしとともに集めない者は散らす者です。（ルカ十一・23）

この世に中間地帯は存在しません。神の国を力づくで積極的に求めるか、消極的になって暗闇の王国の侵入を許し、その影響を合法的に心の中に受け入れるかです。後者を選ぶなら、暗闇の王国の視点で現実を見ることになります。

私たちの心は、霊の世界と自然界が交信する出入り口です。私たちの思いと言葉がその出入り口の扉を開きます。イエスはこのことを次のように表現されました。

良い人は、その心の良い倉から良い物を出し、悪い人は、悪い倉から悪い物を出します。なぜなら人の口は、心に満ちているものを話すからです。（ルカ六・45）

私たちの心は、思いや感情を魅了するもので満たされています。聖書はそのことを心の瞑想《めいそう》と呼んでいます。聖書的な意味での瞑想が、心と思いを満たすことを意味していることに注目してください。これに反して東洋の瞑想は、思いを無にすることです。

心と思いを満たすものが何であれ、最終的にそれは、私たちの心や思いとの間で、ある種の信頼関係や協定を結びます。もし私たちの思いが、自分自身や愛する者たちに悪いことが起こるという思いで満ちているなら、私たちは思い煩《わずら》いの霊と協定を結ぶことになります。神が行なっていないことに思いを向けるなら、「なぜあの人は癒やされなかったのだろう？」とか「なぜこの世の中には、これほどまでに悪がはびこるのだろう？」と考えるようになり、躓《つまづ》いてしまいます。

こうなると苦々しさの霊と協定を結ぶことになり、躓きの霊が働く足場を作ることになります。究極的には、それにより不信仰の罪を犯すことになります。しかし神が現在行なっておられることや過去に行なわれたことで思いを満たすなら、私たちは信仰の霊と協定を結ぶことになります。私たちが協定を結ぶものが、思いと心を満たします。そして私たちは、それを周囲の人々に解き放つのです。

私たちは心の中にある霊的現実を相手に伝えるわけですが、その霊的現実こそ宣言によって解き放たれる力です。それゆえ口から出る言葉と心の瞑想の間には、深い関係があります。ダビデの祈りの中にもそれが表れています。

私の口のことばと、私の心の瞑想とが御前に、受け入れられますように。わが岩、わが贖い主、主よ。（詩篇十九・14、英訳より）

神はヨシュアに、瞑想と宣言の関係について次のように教えました。

この律法の書を、あなたの口から離さず、昼も夜もそれを瞑想しなければならない。そのうちにしるされているすべてのことを守り行なうためである。そうすれば、あなたのすることで繁栄し、また栄えることができるからである。（ヨシュア記一・8、英訳より）

この箇所は、証を守ることについて二つのことを暗示しています。ひとつは、何も考えずにただ繰り返し証をすればいいというものではない、ということです。私たちは知性と想像力を働かせる必要があります。

逆に神の言葉を瞑想することは、口ずさむことを含んでいなければなりません。この箇所の「瞑想する」に当たるヘブル語の文字通りの意味は、「つぶやく」「うなる」「語る」「感慨を込めて言う」「話す」だからです。同じヘブル語が、ライオンが獲物に対してうなるときの表現にも使われています。私たちが行なう瞑想は、くつろいで行うものではないということです。私たちは神の証を捉《とら》えて、喜びながら貪欲《どんよく》に食い尽くすべきなのです。体と思いを訓練し、「しるされているすべてのこと」を行うとはこうすることです。

これらの行為が実践的であることは明確です。証の学びがどのようにしてなされるかは、すでに体験したことがあるからです。ハイレベルの学びを継続的に行なうには、体や思いを使って証を繰り返し語り、自分の言葉で自分の思いを語る必要があるということです。

そうするとき二つの主要な結果が現れます。ひとつは、会話や瞑想の中で神の過去のわざで心と思いを満たすなら、自分の神が不可能に侵入する神であることを、常に認識するようになるということです。このような認識と期待をすることにより、希望と信仰と勇気と飢え乾きがもたらされます。これらは、私たちが周囲にある不可能な事柄に対処するために必要なものです。

二つ目は、証にある預言効果を通して、私たちは目に見えない世界に力を解き放つことになり、それが実体験をもたらすということです。この実体験は、証の神によって不可能が可能にされたことの現れです。これこそ、まさに主がヨシュアに約束しされたことです。証を守ることにより、**私たちの**

することで繁栄し、また栄えることができるのです。

ダビデの生涯は、旧約聖書の中でもっとも成功した人生と言えます。先述したとおり、ダビデの生涯は証を守った見本として極めて深遠なものであり、神の約束の真実さを物語るものです。神の御わざの宣言について語るダビデの詩篇は多々あります。

主のみわざは偉大で、みわざを喜ぶすべての人々がそれを学ぶ。（詩篇百十一・2、英訳より）

詩篇六六篇は、ダビデがどのように神の働きを学び、瞑想したかを暗示しています。ダビデはこう言っています。

さあ、神のみわざを見よ。神の人の子らになさることは恐ろしい。
神は海を変えて、かわいた地とされた。人々は川の中を歩いて渡る。
さあ、私たちは、神にあって喜ぼう。（詩篇六六・5～6）

この箇所でダビデが語っている出来事は民が紅海を渡る奇蹟のことで、彼の時代から数百年も前のことです。しかしダビデは、まるで私たちもその光景を目の当たりにしていたかのように、私たちを主への賛美へと誘《いざな》います。

主の御わざを学ぶ中でダビデが気づいたのは、時代に影響されない独自の生き方があるということでした。御わざを行なった神は、時を超えて存在するお方です。過去に神がなさった御わざを学ぶと、神はこれと同じ御わざを今もなしておられるし、これからもなされるのだということがありありとわかり、私たちは驚嘆《きょうたん》せざるを得ません。

詩篇百十一・2で「学ぶ」と訳されているヘブル語は、「探し求める」という意味です。私たちが証を喜び、学ぶということは、実際は神の御わざとの個人的な出逢いを**追い求める**ことになります。神の御わざとの出会いを狩りの獲物のように追いかける、と言ったほうが良いかもしれません。**瞑想する**とき、私たちはその獲物を射止《いと》めているのです。そしてまさにこれは、証の中にある相続財産を体験し切るために、どうしてもしなければならないことなのです。

思い出す

証を守るための第一歩は、証を宣言するライフスタイルを構築することです。その次に必要なのは、思い出すライフスタイルを構築《こうちく》することです。この二つは、一枚のコインの表と裏です。最近私は、「思い出す」に当たるヘブル語にまつわる面白い事実に気づきました。その言葉のもとになっているのは、「男性」という言葉だったのです。これだけでは相関関係がはっきりしないと思いますので説明します。男性は、再生産するための種を宿している、ということなのです。ですから不可能な状況に神が超自然的に介入したことを思い出すことは、将来起こる奇蹟の種を心の中に宿すことなのです。

証の宣言をすることで繰り返しの油注ぎが働くことは、先述したとおりです。今から、思い出すことにも同じ原則が働くことを確認したいと思います。神が過去になしたことを私たちが思い出すことは、その奇蹟の種を手に取り、新しい環境に植えるようなものです。そうすることによって新たな奇蹟が起こるからです。

またおわかりのとおり、人間が記憶力を持っているという事実がもうひとつの側面です。人間には、忘れるという驚くべき能力もありますが、忘却の場合は、忘れる内容によって重大な結果を招くことにもなれば、些細な結果で済む場合もあります。ホッチキスをどこに置いたかを忘れてもたいしたことはありませんが、結婚記念日を忘れると大惨事を招くことになります。

忘れる能力の驚異的な部分は、その出来事が起きた段階では絶対に忘れるはずがないと思っていたことまでも忘れてしまうということです。反対に、それが起きた段階では記憶するほど重要ではないと思えても、思い起こしてみればひどく重要だったと思える事柄を忘れているということがよくあります。どちらも場合も、自力によらない方法で記憶にとめておく仕組みが必要であることを示しています。

イスラエルがヨルダン川を渡って約束の地に入ったとき、ヨシュアは部族の長老たちに川の中に戻り、川底から石を十二個取り、宿営地に運んで積み重ねるように命じました。ヨシュアはこう説明しています。

それがあなたがたの間で、しるしとなるためである。後になって、あなたがたの子どもたちが、『これらの石はあなたがたにとってどういうものなのですか。』と聞いたなら、あなたがたは彼らに言わなければならない。『ヨルダン川の水は、主の契約の箱の前でせきとめられた。箱がヨルダン川を渡るとき、ヨルダン川の水がせきとめられた。これらの石は永久にイスラエル人の記念なのだ。』（ヨシ

ュア記四・6～7）

事実上、この石の山は標識や記念碑と同じものでした。標識（しるし）とは、実在するものを目立たせるためものです。記念碑とは、何かを思い起こさせるためのものです。この箇所の場合、この石の山は、神がヨルダン川の水を塞《せ》き止《と》め、主の民を約束の地に導き入れたことを思い起こさせるための証でした。

しかし人類の歴史に対する神の超自然的な介入の場合、それ自体がしるしです。そしてしるしは、それ自体が神の啓示を指し示す実体なのです。ですから石の山は記念碑であり、しるしという実体を指し示す標識でもあったのです。

川岸の道を歩く子供と父親が石の山を見かけると、子供はただ昔話を聞かされただけではなく、その話に込められたメッセージを受け取りました。「これはお前の先祖の神がどういう神であるかを示すものだ。その神はお前の神でもあるんだぞ！」と。それは決して色あせることのない歴史的教訓でした。イスラエル文化の根底には、契約の民の歴史には、後世のための神の約束が内包されているという観念があるのです。

私たちは記憶を呼び覚ます何かを確立する必要があります。神が人生でなしてくださったこと、またそのお方がどのようなお方であるかを思い起こさせる、何かをです。私の人生における記念碑は、一九六四年以前に製造された旧式ウィンチェスター銃です。昔、父がベテル教会の牧師で、私がスタッフをしていた頃に、ある人からもらったものです。

当時、私はハンティング用の猟銃を持っていませんでしたが、お金を貯めて買おうとしていました。私はハンティングが大好きだったからです。十分なお金が貯まったのですが、請求書がいくつか来ていたので、銃を買うよりもそちらを支払ったほうが賢明だと思い、私はそうしました。次の週の日曜の晩、私が教会にやって来ると、長老のひとりが私に近づいてきて言いました。「ビル。君は銃が欲しいと思ったことはあるかい？」「はい、あります。」すると長老が言いました。「それなら集会が終わったら私の家に来なさい。」私は言われたとおりにしました。すると彼はウィンチェスターを持ってきたのです。私は茫然としてしまいました。その銃が高価だったからというだけはありません。その銃にはもっと深い意味がありました。それは石の山だったのです。金銭的な価値以上の意味合いがありました。それは、神が数年前から私に教え続けていた教訓でした。もし私が小さなことに忠実であるなら、主は大きな報いを与えてくださるという教えです。

しばらく後、私たち家族はウィーバービルに移り住み、最終的に私は四丁の銃を集め、戸棚に陳列していました（当時はまだ、銃の安全規制が布《し》かれていませんでした）。ある週末のこと、私たちは街に出かけました。帰宅してみると空き巣に入られており、銃が盗まれていました。ところが一番高価な銃は無事だったのです。理由はわかりませんが、主が泥棒の目を眩《くら》まし、陳列されていた銃の中でも一番高価なものを守ってくださったのかもしれません。

窃盗犯《せっとうはん》が他の三丁を盗んだことに、私が腹を立てても不思議ではなかったでしょう。しかしそのような思いがよぎることすら、ありませんでした。私は、窃盗犯が私の一番大切なものを盗んでいかなかったことを感謝しています。私には、人生における石の山が必要だったからです。神がどのような方であるかをいつも忘れないためにです。

では一丁の猟銃《りょうじゅう》を所有することにより、永遠に残るものが何かあるでしょうか。ひとつもありません。ただそうすることにより、私は自分の人生における神の御わざを思い起こすことができるのです。今はこの銃を使って狩りをすることはありません。しかし神が捨てろと言われない限り、私がその銃を捨てることはないでしょう。なぜならその銃は、私にとって石の山だからです。それは、(私が請求書の支払いを優先したという) 知恵を神が尊重してくださっていることを表しており、私が神との契約関係の中にあることを預言的に語っています。そしてその契約は、神の恵み深い本性を示しています。

記念碑は、神にとっては大きな意味を持ちます。高価でなくても構いません。旧約聖書では、記念碑は石の山だったり、玄関先に刻まれた言葉であったり、衣料品の一種であるタッセルでした。新約聖書では、イエスの死と復活を覚えるために、パンとぶどう酒による聖餐式を典礼として授《さず》かっています。

読者は日記をつけているかもしれません。写真のアルバムを持っているかもしれません。その他、神との出会いや霊的な体験を記念する何かを持っているかもしれません。私の場合は銃でした。記念碑はどんなものでもよいのです。重要なのは、それが証を想起《そうき》させる標識として機能することです。定期的に目に触れて、ちょくちょく気に掛けるものです。記念碑は証を守るための要因です。なぜかというと、重要だと思われる事柄を忘れてしまう弱さから、私たちを守ってくれるからです。記念碑は目覚まし時計のようなものです。目覚めているときはスイッチを入れません。私たちが目覚まし時計のスイッチを入れるのは、ちょうどよい時に気づかせてもらえるからです。そのちょうどよい時というのは、往々にして予期せぬときにやって来るものです。

クリスチャンは、自分の救いの証を忘れることはありません。これは使徒パウロのミニストリーの秘訣《ひけつ》でもありました。いかなる状況に置かれても、パウロはいつも自分の救いの証に立ち返りました。多くの宗教指導者たちがパウロに敵対しました。パウロの体験が彼らの神観と異なっていたため、パウロの証を受け入れることができなかったのです。

読者が見た奇蹟の数が多かろうと少なかろうと、イエスを信じたのであれば、それは証ですから、しっかり持ち続けなければなりません。民がエジプトの奴隷だったこと、また彼らを救い出して約束の地に導き入れたのは神であることを、主が何度も思い起こさせているのには意味があります。神はそれを誇っているのでもなければ、民を馬鹿にしているのでもありません。民の過去の姿や状況を思い起こさせているのです。それは彼らが現在と将来の状態を正しく理解するためでした。

あなたの証もそれと同じように、神があなたにとってどのような存在であり、あなたのために何をしてくださったかを思い起こさせる物語です。新約聖書の執筆者たちは、多くの時間を費やして回心の意味を説明しました。それは私たちが、神による説明に従って自分の証を記憶できるようにするためです。もし私たちが十字架の功績と血潮の力にそぐわない形で自分の救いを記憶するなら、惑わしの霊に心を開くことになります。

聖書によれば、私たちの古い人(古い性質)はキリストとともに死にました。過去にあなたが自分だと思っていた人格は、もはや存在していません。私は、過去にあなたが選択した行為の結果が、現在に影響しないと言っているのではありません。過去の選択の意味合いが大きく変わった、と言っているのです。

私は、ある預言の中で主が次のように語られるのを聞いたことがあります。

「わたしは、あなたの人生の傷跡を取り去ることはしません。しかしその傷跡を並べ替え、まるで水晶に刻まれた彫り物のようにしてあげましょう。」

かつては希望が持てないほど破壊されていたものが、神の栄光と慈しみを表現するものに変えられました。

定期的かつ適切に救いを思い起こすなら、その度にあなたはクリスチャン生活の基盤に立ち返ることになります。私たちの証の中にある真理は、神のほうから近づいてきて、私たちの痛みや弱さに触れてくださり、自分にはできないことを神がしてくださった、ということです。私たちがどれほど霊的に成熟しても、私たちが神に依存している事実や神の全能性が、私たちの人生から消え去ることは決してありません。

それゆえ誰かが証をするときは、その人の人間的な弱さも含め、過去にあった事実関係を正直に語るよう、私は勧めています。たとえば、あなたは過去に、特定の痛みを抱えた人のために祈ることを恐れていたとしましょう。その人のために祈っても癒やされない、と思っていたのです。その場合、証の中にその事実をありのまま保存してください。主が用いるのは偉大な信仰だけでなく、弱さの中で従ったというありのままの姿でもあるからです。

逆に、恐ろしい苦しみを抱える人が癒やされるのがはっきりわかっていたのであれば、そのことを含めて証してください。信仰の賜物により、間もなく起ころうとしている奇蹟を確信して祈るなら、そのとおりのことが起こるという原則を理解してもらえるからです。証の中の人間的な部分を削除したり、神の働きの部分を強調したりする必要はありません。どちらも預言的な語り掛けとして、すべての信者に必要なものだからです。

私たちは主にあって自分がどのような者であり、神が自分にとってどういうお方であるかを繰り返し思い起こす必要があります。それによって私たちは神とともに働くことになり、神の力が私たちを通して、また私たちの内側に、現されるからです。神の民の特徴の中で最も深遠なのは、神が私たちとともにいて働くということです。神こそ私たちの真の相続財産であり、私たちが受ける報いです。

地上にいる間、私たちには神の「一部」しかわからないとパウロは言っています（第一コリント十三・9参照）。しかし証を守ることにより、私たちは歴史に超自然的な介入をする神のレンズを通して人生を見ることができます。証を守ることは、神を人生の中心に据《す》えることなのです。

第五章　いのちをもたらす記憶

イエスは弟子たちに、繰り返し奇蹟を体験させました。それぞれの奇蹟により、彼らは次に直面する予想外の試みに対する備えを受け、イエスの世界に通じる道が開かれていきました。イエスの世界は、弟子たちが自力で見られるものではなかったからです。

あるとき弟子たちは、嵐の中でいのちの危険に晒《さら》されました。マルコの福音書は、その嵐が弟子たちを圧倒したことを伝えています。この訓練が課せられたのは、弟子たちのかたくなな心のゆえに、直前に体験した五千人の給食の奇蹟から十分学べていなかったためです。（マルコ六・52参照）

これには驚かされます。なぜなら、弟子たちは直前の奇蹟において、完璧に従っていたからです。弟子たちの従順は奇蹟に貢献しました。しかし彼らのかたくなな心のゆえに、霊的打ち破りの証が嵐の試みの中で活かされなかったのです。

これには考えさせられてしまいます。私たちは従うことができます。奇蹟に預かることができます。感謝を捧げることができます。神に栄光を帰すことができます。しかし次に起こる奇蹟のために備えをし損なうことがあり得るのです。なぜでしょうか。それは証のレンズを通して現状を見ていないからです。

弟子たちは奇蹟が起きたことを喜びましたが、奇蹟が起こるまでの行程からは何ひとつ学んでいませんでした。しかし奇蹟にとって肝心なのは、そこに至る行程なのです。

弟子たちが人々の食糧の必要に応えようとしたとき、イエスは命令を出しました。

「あなたがたで、あの人たちに何か食べる物を上げなさい。」（マルコ六・37）

弟子たちが戸惑《とまど》っていても、イエスは命令を撤回《てっかい》しませんでした。イエスは彼らに、不可能を可能にする体験をさせようとしていたのです。しかし弟子たちは、食べ物が自分たちの手の中で増えることに気づいていませんでした。イエスの手の中で増えると思っていたからです。彼らがその教訓から学んでいたら、嵐の中でも勇敢《ゆうかん》でいることができました。

もしこの気づきがあったなら、湖の向こう岸に行かされたとき、舟の中にイエスがいなくても、いるのと同じように振舞《ふるま》うことができました。命令があるということは、イエスが実在するのと同じ効力が働くことを意味するからです。命令が与えられるタイミングは、私たちが主の使命に忠実であるときです。その命令によって、使命を遂行《すいこう》する権威を授けるためです。

イエスは彼らを離れて、また舟に乗って向こう岸へ行かれた。弟子たちは、パンを持って来るのを忘れ、舟の中には、パンがただ一つしかなかった。そのとき、イエスは彼らに命じて言われた。「パリサイ人のパン種とヘロデのパン種とに十分気をつけなさい。」

　そこで弟子たちは、パンを持っていないということで、互いに議論し始めた。それに気づいてイエスは言われた。

「なぜ、パンがないといって議論しているのですか。まだわからないのですか、悟らないのですか。心が堅く閉じているのですか。目がありながら見えないのですか。耳がありながら聞こえないのですか。あなたがたは、覚えていないのですか。わたしが五千人に五つのパンを裂いて上げたとき、パン切れを取り集めて、幾つのかごがいっぱいになりましたか。」

　彼らは答えた。

「十二です。」

「四千人に七つのパンを裂いて上げたときは、パン切れを取り集めて幾つのかごがいっぱいになりましたか。」彼らは答えた。「七つです。」

　イエスは言われた。「まだ悟らないのですか。」（マルコ八・13〜21）

奇蹟は物の「見方」を変える

思いを一新するなら、私たちの物の見方のうちに御霊が働き、私たちの思考を通して義が流れ出るようになります。

私たちの物の見方は、神体験の履歴によって形成されなければなりません。引用したマルコ八章の箇所で、イエスは弟子たちにヘロデとパリサイ人のパン種に関する警告を与えられました。パン種は私たちの思考に働き、状況理解の隅々にまで影響します。弟子たちが舟の中で食べ物を探していたとき、「なぜ、パンがないといって議論しているのですか」とイエスは尋ねられました。このときイエスが問題にしていたのは、弟子たちの神体験の履歴が、彼らの物の見方に影響を与えていなかった点です。神体験には素晴らしい価値があります。それゆえイエスは、弟子たちに五千人と四千人の給食の体験を思い起こさせました。群衆に食べ物を与えたとき、どういうことが起きたかについて彼らに尋ねました。

私はイエスの質問の意味を捉えるため、この物語を繰り返し引用します。この出来事の中には様々な状況に対する答えが含まれているので、それを引き出したいのです。イエスがこの箇所で取り扱った問題は、キリストに従う要《かなめ》となる問題です。この世に奇蹟の力と神の栄光を現そうとする人にとってはなおさらです。

「なぜ、パンがないといって議論しているのですか。」

イエスの質問は、あたかもこう尋ねているかのようです。

「なぜあなたがたは、持っていないものについて議論するのですか。あなたがたに給食の奇蹟を体験させたからには、持っていないものについて考えるのはもうやめなさい。」

奇蹟は、クリスチャンから選択肢《せんたくし》を取り去ります。思いを一新するとは、選択肢を捨てることです。足らないもののことはもう考えない、ということです。奇蹟には、霊的な栄養素が含まれています。思考体系に作用して、キリストのように考えさせる栄養素です。ここでのテーマに当てはめるなら、持っていないものについては考えないという訓練をさせる栄養素です。しかし弟子たちと同じように、奇蹟の影響を受けないこともあり得ます。

諸教会の中で思考パターンの大きな変化が起きていることに、私はとても励まされています。しかしこの箇所の問題がある以上、まだ安心できません。私の働きには、非常に多くの障害が立ちはだかります。すると私は考え始めます。

「この問題を解決するのに必要な力が私にはない」と。そしてまるで自分が答えを出さなければならないかのように感じ、思わず地上の資源に目を向けてしまいます。

イエスが弟子たちにいくつもの問いを投げかける理由は、ここにあります。

「**どうして悟らないのですか。あなたがたの心は、まだかたくななのですか?**」（言い換えてみれば、そういうことです。）イエスによって奇蹟の世界に連れ込まれ、超自然的なものに遭遇《そうぐう》すると、現実の見方が変わります。心がかたくなでなければの話です。しかしもし私たちの現実の見方が、目の前で起きている奇蹟を受け入れることができないなら、私たちの心は栄養素の効力を期待することはできません。その栄養素は「恵み」と呼ばれるもので、神からの贈り物です。

イエスは弟子たちに尋ねました。超自然の食糧供給をどれほど体験したら、神の視線で物事を見られるようになるのかと。イエスが彼らに理解させようとしていたのは、彼らには御国の無尽蔵《むじんぞう》の資源を使う権限がある、ということでした。弟子たちは信仰によって無尽蔵の資源を見ていなかったので、それを利用できなかったのです。弟子たちは、自分たちに賜物が与えられていることはわかっていました。しかしそれは自分のためではなく、他の誰かのためにあると思っていたのです。しかしそれが与えられていたのは、彼らのためでもあったのです。本来、奇蹟とは、私たちの物の見方を変えるものなのです。

イエスは尋ねました。

「目がありながら、見えないのですか。耳がありながら、聞こえないのですか。まだ思い出さないのですか。」

私たちが深く学ばなければならないのはこの点です。私たちは失ったものを取り戻さなければなりません。私たちが真理を見て悔い改めるならです。霊的に悟るということを簡潔に表現するなら、見ることであり、聞くことであり、思い出すことです。思い出すとは、自分の意志で行動し、霊的敏感さを養うことです。聖書の瞑想を通して奇蹟の影響力を自ら取り込み、超自然なわざのために自らを備えることです。

私は、神が何をしているかを見るために、いつも周りを見回しています。はっきりと認識できないときもあれば、的《まと》を得ないときもあります。

かつてドイツへ行ったときのことです。私は集会前に指導者たちと祈っていました。そのときスナップ写真のような幻が与えられました。「かすかな、細い声」のビジュアル版です。そのスナップ写真の中では、脊椎《せきつい》に関節炎のある女性が私の右側に立っていました。私は、「主イエスがあなたを癒されます。」と彼女に言いました。彼女に触れた人は誰もいませんでしたが、私が語った命令だけで癒やされてしまいました。

集会が始まると、この幻と同じことをしなければならない、というはっきりとした確信が与えられました。私はこう言いました。

「この中に、脊椎に関節炎がある方がいます。」

すると、祈りの集会で見たとおりの人が立ち上がりました。彼女は私の右側にいました。私は彼女に向かって、「主イエスがあなたを癒されます。」と宣言しました。神の臨在が臨み、彼女は震え始めました。私が痛みの場所を尋ねると彼女は言いました。

「ありえません。こんなこと……痛みがないんです。」

彼女は私の目の前で癒やされました。これが起きたのは、私が見ることができたからです。しかしたいていの場合、これほどはっきり見えることはありません。しかし見えない場合でも、普通、聞くことはできます。

数年前のことですが、私はダグラスで行われた集会に出席しました。私が礼拝堂に入ると、「聴覚《ちょうかく》障害《しょうがい》」という声が聞こえました。その集会の終わりのほうで、御霊がその声のことを思い出させました。すると異常なほどの癒やしの油注ぎが会場内に訪れ、聴覚障害のある人が八三人癒やされました。聴覚神経の断裂《だんれつ》による全ろうから様々なレベルの聴覚障害に至るまでです。ひとつの集会でこれほど多くの聴覚障害が癒やされたのは、これが初めてでした。このような癒やしが、ほんの十五分ほどで起きたのです。

自分の神体験の履歴を通して見る

励みになるのは、たとえ私に見ることができなくても、また聞くことができなくても、思い出すことはいつでもできるということです。自分はどのような神のわざを見たことがあるだろうか、と考えるとき、「証を守る」ことの効果が現れはじめます。私たちは、神の働きを心の中で大切に保管しなければなりません。後になって、聞く力や見る力を活用すべき時が来るからです。（私は独特な説明の仕方をします。公式の集会を導く責任があるからです。その責任は、誰にでもあるものではありません。しかし原則そのものは、あらゆる立場で運用できます。）

私は立場上、集会に関して指示を出さなければなりませんが、にもかかわらず見ることも聞くこともできないことがよくあります。そんなときは、自《おの》ずと私の意識は、主は過去においてどうされたか、ということに向きます。そしてほとんどすべての場合に、主は私の思いに浮かんできたとおりの奇蹟を再び行なわれます。私が過去に体験した奇蹟の記憶を探る中で、そのとき思い浮かんでくる奇蹟を宣言すると、それが現実になるのです。そうして実現した奇蹟は、神の本性や神の働き方を表す証として、その場の状況に対して影響力を発揮します。

私は自分の心を探《さぐ》り、聴覚障害であっても、骨折であっても、事故による怪我《けが》であっても、最初に思い浮かんできたことに人々の期待を向けさせます。こうすることによって私は何をしているのでしょうか。私を通してなされた神のわざの記録を思い返し、その中から癒やしを宣言しているのです。そうすることによって、現状を新たな視点で見ることができるからです。このようなことが何度も起きたので、今では具体的な症状や病気の癒やしをいつでも宣言することができるようになり、その宣言を通して主が働き、その病を持つ人々を癒やしてくださるようになりました。私の神体験の履歴《りれき》が、このことの土台になっているのです。

すべてのクリスチャンは、最低一度は奇蹟を体験しています。救いという奇蹟です。読者は、自分の人生に、内側から外側に向けて変化が起こるのを見てきました。神が成し遂げられたわざで自分を養ってください。そうすることにより、将来起こる問題をその御わざの枠組《わくぐ》みの中で見ることができます。私はよくこのような質問を受けます。

「コレコレの病が癒やされるのを見たことがありますか。私もその病気を持っているのですが。」

なぜそう尋ねるのでしょうか。それは神が同じ病の癒やしを繰り返し行うことを、その人たちが知っているからです。そう尋ねることによって、私がその人と同じ病を癒やした履歴を持っているかどうかを確認しているのです。

私のところにやって来て、足が縮《ちぢ》むのを見たことがあるかと尋ねた人がいました。彼は二五年前に足を骨折したのですが、治ったときには、もう片方よりも約三・五センチ長くなっていたそうです。

彼は失われた骨が補《おぎな》われて、足が伸びたという話は聞いたことがありました。しかし彼が知りたかったのは、足が縮むことあるかどうかでした。（もし見たことがなかったとすれば、それが初めてということになるので、どちらにしてもその癒やしを求めていたことは確かです。）

考えてみたところ、スノーモービルの事故に遭った牧師に、それが起きるのを目撃したことを思い出しました。怪我が治ったあと、治ったほうの足が随分長くなっていたのです。サクラメントのイタリアンレストランで、私はその牧師に、彼が座っている椅子を横に向けるように言いました。私は彼の両足を抱《かか》え、長いほうの足が縮むように命じました。するとそのとおりになったのです。その牧師が物理療法士のもとに行くと、療法士は牧師の足が両方完璧に揃っていると言ったそうです。

その話を思い出した私は、その男性に、神がそういうわざをするのを見たことがあると言いました。彼は施工《せこう》業者で、長いほうの足のせいで長年腰に問題が生じていました。彼に腰かけるように言い、私は彼の両足を抱えました。そうしている間に、あることを思いつきました。

「長いほうの足を縮ませるほうがいいのか、短いほうを長くするほうがいいのか」という疑問です。

大抵の人は、多少身長が伸びても気にしません。

私は不意を突くようにして「右足よ、イエスの名によって伸びろ！」と命じました。

すると右足がゆっくりと伸び始めました。そしていつの間にか、左足よりも十センチ近く長くなってしまいました。男性は痛みを感じて叫び出しました。数年間分の痛みが一度に襲ったようです。私は平静を装ってはいましたが、内心では慌てました。

「なんてことをしてしまったのだろう！この人はここに来たせいで、びっこになったと思うに違いない。彼は歩いて立ち去ることが出来るだろうか

私は、この状況でどう祈るべきかを考えました。そして「シャローム」という言葉について学んだことを思い出しました。この言葉には「平和」という意味があります。いのちに満ちた深い意味を持っており、聖書中で最も含蓄《がんちく》のある言葉のはずです。この言葉には「思いの健全さ」「健康」「繁栄」という意味もあり、求め尽くすことができないほど豊かな意味を持つ言葉です。私は考えました。「この状況はこの言葉でなんとかしてもらうしかない」と。そこで祈りました。「主よ、天のシャロームを、この男性にもたらしてください。あなたのシャロームが彼の上にとどまりますように。」するとと彼の右足が縮んで左足と完璧に揃いました。翌日、彼が私のところにやって来て言いました。「ビル、可能な測り方をすべて試してみましたが、完璧そのものです。」

私は彼と一緒に喜びました。

六年後、私はミネソタ州のロチェスターに行きました。そこには、片足に癌《がん》を持っていた少女がいました。彼女は骨のかなりの部分を取り除き、金属棒で補う手術を受けていました。その金属の部分

は四センチ近くありました。当時彼女は十五歳だったので、医師たちが彼女の成長を予測して、その長さにしたのです。私が会ったとき、彼女はもう二七歳でした。ところが彼女は、手術後の十二年間それ以上身長が伸びなかったため、腰に問題が生じていました。私は彼女から祈ってほしいと頼まれました。

神の計《はか》らいによって難を逃れた経験を持つ私は、金属棒があるほうの足を抱えて、縮むように命じました。足は命令に従いました。翌日彼女が私のところに来て、完璧だったことを教えてくれました。彼女は、金属があって長いほうの足が縮むように命じてもらって良かったと言いました。というのは、もし短いほうが伸びた場合、医師たちは「ほらね。背が伸びるって言ったでしょ」と言うに決まっているからです。

神に尋ねるに越したことはありません。だからといって、あなたが称賛に値するわけではありませんが。

個人的な記録をつける

なぜ私が、このような証を分かち合っていると思いますか。それは神の働きを記憶しておくことが重要だからです。あなたは自分の体験を覚えていますか。それを瞑想して思い巡らせてください。また、あなたが体験する奇蹟を記録してください。そうすることによって聞くスキルと見るスキルを成長させましょう。目的を持って記録を取り、同じ体験を繰り返すことは、賜物の成熟と奇蹟の力の解放への第一歩です。

私はひとつの道具を読者に手渡したいと思います。あなたがそれを使うなら、あなたは生涯にわたり、毎日勇気づけられるはずです。またそれは思いの一新にも大いに役立ちます。その道具とは証です。すべての出来事を、神の超自然的な介入の記念品と関連づけるようにしてください。あなた個人の神体験の履歴を、記念碑と結びつける必要があります。そうすることによって、記念碑が今後の歩みにおける標識になるからです。弟子たちがイエスの給食の奇蹟を瞑想していたなら、舟の上でヘロデやパリサイ人のパン種の話を聞いたときに、食糧に関して思い煩《わずら》わずに済んだことでしょう。

第六章　遺産を残す勇気

イスラエルの子らを約束の地に導き入れた主は、彼らに明確な使命を与えました。新しい契約の民である私たちが受ける使命について、預言的に前もって解説することです。イスラエル人は約束の地に住んでいた異邦人を追い出し、自分たちの部族でその地を満たし、究極的には各地域に逃れの町を作らなければなりませんでした。

同じようにキリストは、私たちに約束の地に出て行き、あらゆる国の人々を弟子とするよう命じました。その約束の地とは全世界です。そこから暗闇の王国の影響を取り除き、天の御国の本質を解き放つよう命じました。

私たちにとっても同じですが、イスラエルの民が使命を成し遂げられるか否かは、神が荒野で訓練した彼らの能力にかかっていました。つまり神の臨在の現れにつき従い、神に命じられたことを、命じられたタイミングで実行することです。

彼らのその能力は何に依存していたのでいたのでしょうか。神はヨシュアに対して、その答えをはっきりと伝えました。それは主が、イスラエル人を導くようヨシュアを任命したときのことです。

あなたの一生の間、だれひとりとしてあなたの前に立ちはだかる者はいない。わたしは、モーセとともにいたように、あなたとともにいよう。わたしはあなたを見放さず、あなたを見捨てない。強くあれ。雄々しくあれ。わたしが彼らに与えるとその先祖たちに誓った地を、あなたは、この民に継がせなければならないからだ。ただ強く、雄々しくあって、わたしのしもべモーセがあなたに命じたすべての律法を守り行なえ。これを離れて右にも左にもそれてはならない。それは、あなたが行く所ではどこででも、あなたが栄えるためである。この律法の書を、あなたの口から離さず、昼も夜もそれを口ずさまなければならない。そのうちにしるされているすべてのことを守り行なうためである。そうすれば、あなたのすることで繁栄し、また栄えることができるからである。わたしはあなたに命じたではないか。強くあれ。雄々しくあれ。恐れてはならない。おののいてはならない。あなたの神、主が、あなたの行く所どこにでも、あなたとともにあるからである。」（ヨシュア記一・5～9）

勇気を持てという命令

主がヨシュアに律法の書を瞑想するように命じたとき、その意味が何であったかについては、先述したとおりです。しかしこの命令を前後の脈絡《みゃくらく》の中で見ることにより、証を守ることがなぜイスラエルの民の使命遂行《すいこう》につながったのか、その意味の大きさが見えてきます。

興味深いことに、主がヨシュアを任命したとき、モーセを任命したときと同じ約束をヨシュアに与えました。モーセはこう尋ねました。
「私はいったい何者なのでしょう。パロのもとに行ってイスラエル人をエジプトから連れ出さなければならないとは。」
するとと神は、「わたしはあなたとともにいる」、という簡潔な答えを返したのでした。（出エジプト記三・11〜12参照）
イエスの大宣教命令にも、同じような約束があります。
「**わたしは、世の終わりまで、いつも、あなたがたとともにいます。**」（マタイ二八・20）
この約束には二重の意味があります。私たちとともにある神の臨在が私たちのアイデンティティーを決定する、ということと、神の臨在がともにあるからこそ、私たちに成し遂げられることがある、ということです。
しかし同時に、神の臨在から任務を**引き出し**、それを遂行しようとするのであれば、私たちは神の臨在に敏感でなければなりません。神がともにおられることを認識して、はじめて私たちは神に応答することができ、現状把握《はあく》ができ、それに対する応答ができるようになるからです。私たちが神に聞き従うためには、臨在を認識することが極めて重要なのです。

ダビデ王は次のように語りました。

私はいつも、私の前に主を置いた。主が私の右におられるので、私はゆるぐことがない。（詩篇十六・8）

この「置く」という言葉は、「位置づける」という意味です。私たちには主を目立つ位置におく役割がある、ということです。リバイバリストのダンカン・キャンベルは、一九五〇年代にヘブリジーズ諸島でリバイバルを経験しました。彼曰く、リバイバルの本質とは圧倒的な臨在です。キャンベルによれば、「神の臨在の認識」が地域一帯にあふれ、悔い改めや回心、祈りや礼拝がひとりでに引き起こされたそうです。

臨在に対する認識を強めることは、命令の遂行に役立ちます。「インマヌエル」（ともにいます神）が、生活のすべての領域で土台になっていなければなりません。ヨシュアは、「強くあれ。雄々しくあれ」という励ましの中に、勝利の秘訣を見出しました。この励ましは私たちにとっても極めて重要です。神はヨシュア記一章五～九節の短い箇所の中で、その励ましを三回繰り返しています。「モーセがあなたに命じたすべての律法を守り行ない。」「これを離れて右にも左にも」逸れないようにするには、大きな勇気と力が必要だったのです（ヨシュア記一・7参照）。

一番重要なのは、最後の繰り返しの部分です。神が約束と結びつけているからです。

「**強くあれ。雄々しくあれ。恐れてはならない。おののいてはならない。あなたの神、主が、あなた**の行く所どこにでも、**あなたとともにあるからである。**」（ヨシュア記一・9、強調は著者）

神がヨシュアや私たちに語っている真理は、単純でありながら深遠なものです。**命令を遂行する力と勇気は、神がともにいることの認識から生まれる**からです。

この認識で重要なのは、律法という神の言葉を思い巡らすことにあります。ヨシュアの場合、律法の書は創世記、出エジプト記、レビ記、民数記、申命記でした。いわゆるモーセ五書です。モーセ五書が含んでいたのは、主の命令と、イスラエルに起きた超自然的な歴史でした。私たちの場合は、神の命令と、人類史への神による奇蹟的介入を瞑想すべきです。それらの中心は聖書であり、私たち自身と他の聖徒たちの証です。

ヨシュア記一章五～九節で与えられている命令は、その前後の脈絡《みゃくらく》の中では、瞑想の効力の現れ方や理由について多くを語っていません。しかし神が暗示していることの中では語られています。瞑想することにより、私たちも成功と繁栄を手にすることができると言っています。先述したとおり、証にある預言的な力は、私たちの使命を成功と繁栄に導く要素のひとつです。しかし聖書の大きな流れから見れば、この箇所に見られる三つの要素とつながりがあると思います。つまり、**主の証を瞑想することにより、臨在に対する私たちの認識が深まる**、ということです。私たちが神のご人格や神のわざを思い起こすことにより、証にある預言的な油注ぎは、主がともにおられることと、同じ御わざを繰り返そうとしていることを認識させます。この認識こそ、勇気と力の源です。

主の証を瞑想せよとの命令は、任務の成功の鍵が何なのかについても明確にしています。私たちの成功は、**徹底した従順**にかかっています。それは必ずしも、超自然的なわざを行うことではありません。徹底した従順とは、神が望んでいることを行うことであり、神との関係の中で主に応答することです。

神との関係こそ、人生における祝福、繁栄、質の向上をもたらす源泉であることは明白です。私たちの歩みが栄えるのは従順によります。神が望まれることを私たちが行うことにより、いのちの泉との絆が強まるからです。神に従えば従うほど、神の本性と神の国が私たちの内に表れるのです。

徹底《てってい》した従順は神との関係の問題であるため、私たちが主の前にどういう心を持っているかが問われます。それゆえ徹底した従順の秘訣である証の順守《じゅんしゅ》は、心の中から始まります。モーセは民に言いました。「ただ、あなたは、ひたすら慎み、用心深くありなさい。あなたが自分の目で見たことを忘れず、一生の間、それらがあなたの心から離れることのないようにしなさい。」（申命記四・9）と。

のちにソロモンは言いました。

力の限り、見張って、あなたの心を見守れ。いのちの泉はこれからわく。（箴言四・23）

私たちの心に満ちているものが、思いや行動に表れます。証を守るなら、心を真理で満たすことになります。神のアイデンティティーに関する真理、私たちのアイデンティティーに関する真理、そして私たちがどこから来てどこへ行くのかに関する真理です。しかし心を真理で満たすことは、私たちが責任をもってやらなければならないことです。やらなければ、五章で述べたように敵の偽りで心を満たすことになるからです。

申命記全体の中で、モーセは神の視点からそのことをイスラエルに強調しました。イスラエルの成功を阻《はば》む真の要因は、約束の地にいた敵の中にあったわけではありません。イスラエル人たちの心の中にあったのです。神は言いました。

彼らは、心の迷っている民だ。彼らは、わたしの道を知ってはいない。（詩篇九五・10）

「心の迷っている」と訳されているのは「さすらう」という意味の言葉です。イスラエルの荒野でのさすらいは、彼らの心の中の現実が表面化しただけに過ぎません。言い換えるなら、この聖句が言っているように、心の中にあるものが、神の道を知ることに関係していたのです。

聖書は、神の道を知ることには、神のわざを知ること以上の意味があることを示唆しています。詩篇一〇三篇七節にはこうあります。

主は、ご自身の道をモーセに、そのみわざをイスラエルの子らに知らされた。

神の道に関する啓示は、モーセのように神を知る心を持つ人にしか与えられません。なぜなら、そのような心でなければ、わざの背後におられる神を慕い求めようとしないからです。

確かに、神のわざとは神の道を表すものです。しかし神の道を知るためには、神のわざを知らなければなりません。たとえば、しるしという神のわざです。そしてしるしは、神の本性という、より大きな意味のあるものを指し示します。ですから私たちが行動しない限り、神の道に関する無知のゆえに、私たちは自分たちの心に惑わされ、道から逸《そ》れてしまうのです。

証を瞑想することは、しるし（標識）が指し示すお方に到達するために、その標識に従って道を進むことです。証を瞑想することは、証を通して神を知る責任であり、証を通して神を知る訓練であり、証を通して神を知る情熱です。そして証は神の臨在の識別力を養い、成長させます。不可能に侵入してそれを打ち破る神が超自然的な神であることは、否定できない事実です。ともにおられる神の臨在を認識することなくして、また証に表される神の道を理解することなくして、私たちは熱心に聞き従い続けることはできません。

勇気を持たないことに伴う損失は大きい

イスラエルの歴史は、イスラエルの民が不従順により神との契約を破った事実を物語っています。次の箇所はその様子を描写しています。

民は、ヨシュアの生きている間、また、ヨシュアのあとまで生き残って主がイスラエルに行なわれ

たすべての大きなわざを見た長老たちの生きている間、主に仕えた。……その同世代の者もみな、その先祖のもとに集められたが、彼らのあとに、主を知らず、また、主がイスラエルのためにされたわざも知らないほかの世代が起こった。・・・彼らは、エジプトの地から自分たちを連れ出した父祖の神、主を捨てて、ほかの神々、彼らの回りにいる国々の民の神々に従い、それらを拝み、主を怒らせた。（士師記二・7、10、12）

士師記の著者は、主の「大きなわざ」を思い起こすことにより、イスラエルが主に忠実であったと書いていますが、それは実に的《まと》を得ています。アサフが詩篇七八篇九～十一節で、同様のことを述べています。

エフライムの人々は、矢をつがえて弓を射る者であったが、戦いの日には退却した。彼らは、神の契約を守らず、神のおしえに従って歩むことを拒《こば》み、神の数々のみわざと、神が見せてくださった多くの奇《くす》しいことを忘れてしまった。

エフライムの人々を退却させた理由は、何だったのでしょうか。詩篇の著者は、外面的には彼らに戦いの備えがあったことを指摘しています。彼らに欠けていたのは、内なる備えでした。詩篇の著者は、彼らに不足していたものを見出させるために、秩序立てて説明しています。問題の根源は、彼らが神のしるしと不思議のわざを忘れたことです。証を保つことができませんでした。そのとき彼らは、自分たちや神がどのような存在であるかを忘れたのです。彼らは神の臨在の認識を失い、それにより契約を守るための悟りや力、勇気を失い、徹底して従えなくなりました。

徹底して従っていると、人生の困難に立ち向かえる確信を保つことができます。徹底して従うことにより、勝利から勝利へと導かれます。勝利の神への信頼と親しさが保たれ、拡大していくからです。しかし不従順な歩みをしていると、目の前にある戦いに応戦する勇気を、奮い立たせることができなくなります。

私たちの周囲にある戦いは、イスラエルが直面したものとは違います。私たちの敵は霊的な存在であり、戦略も武器も霊的です。しかし戦いの性質は似ています。神が約束してくださった地には、他の民族が住んでいました。状況は約束と違っていたということです。

同様に私たちひとり一人も、それぞれの領域において、神が語ったことと食い違う状況に、日々直面しています。それは天を地にもたらす協力者としての自己イメージかもしれませんし、自分の能力かもしれませんし、自分の使命かもしれません。しかしイスラエルと同様、重要なのは、神が逆境の中で私たちに装備させ、配備しているのは、その中で勝利させるためだということです。

勝たせるために神は、私たちをそのような状況に導くのです！　私たちは防御しているのではありません。攻撃しているのです。言い換えるなら、私たちは神が与えられたものを単に守っているのではなく、あらゆる領域に向けて前進しようとしているのです。私たちには、敵に優る軍事力と戦略と武器があります。しかし神が私たちを装備させ、配備しても、敵に向かって無理やり前進させるわけではありません。私たちが協力者としての自覚がある場合にのみ、勝利と戦利品を共有できるのです。神から受けたものを使い約束のものを手に入れることは、特権であると同時に責任でもあるということです。

しかし私たちの戦いの勝利は、戦いが始まる前にすでに決まっています。言い換えると、私たちの勝利は、人生において神に従うことによって決まるということです。「徹底的」という言葉の意味は、「根本に到達する」ということです。ですから神への徹底した従順とは、妥協を拒否することであり、最初に神に語られたことを変更しないことです。人間的に成し遂げられる範囲で収めようとしないことです。

たとえばこうです。クリスチャンなら誰しも、御国の福音を宣べ伝えよ、というイエスの命令を知っています。病人を癒やし、死人を蘇らせ、らい病人をきよめ、悪霊を追い出せという命令です。しかしこう考えてしまいます。「そうだなぁ、福音を語ることならできるかもしれないけど、その他のことは神にしかできないね。病人のためには祈るけど、自分では癒やせないよ。」

しかしイエスは、病人のために祈れと言ったのではなく、癒やせと言ったのです。徹底的に従うことは、神が言ったことを変更しないことです。そうはせず、自分の中で神の基準に達していない領域を直視し、祈りと信仰の歩みによって戦うのです。神が言われたことを成し遂げられるまで。

徹底した従順は、私たちの内側に勝利をもたらします。徹底して従うことにより、古い思考パターンや行動パターンが取り除かれ、御国のパターンに更新されるからです。徹底して従うことにより、見識やライフスタイルが変えられます。神の霊によって復活していない者には不可能なことが、神の霊によって復活した者には超自然的に可能になる、という信念を、クリスチャン生活全般において持つようになります。不可能なことは何ひとつないことを理解し、信じる訓練がなされるのです。

この見識を持つことで、神の基準から何ひとつ差し引かない、情熱的で献身的な日常生活が形成されます。この献身的な生活が確立できない限り、私たちは逆境に耐え、それに勝利する能力を持つことはできません。徹底した従順の歩みをしないなら、私たちは戦いの中で徹底抗戦するどころか、後退することになるでしょう。

ある晩、教会の集会に十代の若者が連れて来られました。若者は酷い骨折をしていました。私は祈ってほしいと頼まれましたが、骨折の酷さを見た私は、ある選択をしました。救急治療室に行くように言ったのです。もし骨折の癒やしを見たことがないのであれば、この対応は理に適っていました。しかし私は、即座に癒やされるのを何度も見ていたのです。

私のこの対応は違反でした。私には知識があったからです。私は自分が見たことを忘れていました。それで神の臨在を見失い、勇気を持てず、この不可能を直視できませんでした。この一件が示しているように、神のわざを忘れることは大きな損失を招きます。自分だけではなく、周囲の人にも影響が及ぶのです。神が私たちに望んでいる勝利は、自分のためだけではありません。戦いから後退するなら、他の人に対する神の祝福をも失わせることになるのです。

この責任の重さゆえに、ライフスタイルとして証を守ることの重要性を痛感させられます。記憶や会話の中で神のわざを守り続けないなら、下向きの螺旋《らせん》階段を進まざるを得ません。神の奇蹟的な介入を語らない分、奇蹟が自分の周囲に起こることへの期待感も減るのです。期待感が落ち込めば、奇蹟を必要としている人に奉仕する機会を失うことになります。奉仕の機会が減れば、神の奇蹟が自分の周囲で起こる頻度が減ります。奇蹟を体験する頻度が減れば、奇蹟の話をする機会が減ります。螺旋階段を降りつづけることになり、かつては神が不可能な状況を打ち破るのを見たことがあるにもかかわらず、最終的にはその信仰すら持てなくなってしまいます。

たとえエフライムの人々のように、武器で身を固めていても戦いから退いてしまうのです。私たちの打ち破りを通して神が祝福を流そうとしている人がおり、彼らに対してイエスの模範を示すべきであるにもかかわらず、私たちは彼らの体験までも奪うことになるのです。

躓《つまづ》きのない生活

五章で述べたとおり、ライフスタイルとして証を守ることは、記憶することにつながります。しかも正しいことを記憶するのです。記憶は人を臆病にすることもあれば、勇敢にすることもあります。過去や現在の神のわざを記憶している人もいますが、神がまだ行っていないことばかりを記憶している人もいます。

私は、神が働かなかったことばかりを記憶しているクリスチャンに度々出会ってきました。その人たちの多くは長期的な病を抱えています。そういう人は私のところに来てこう言います。「数えきれないほど祈ってもらいました。コレコレという人に按手してもらい、癒やしの預言もしてもらいました。でも未だに癒やされないんです。」

この問題について私が最初に述べることは、未達成の神のわざを記憶することにより、事実上その人たちは神に対して訴訟《そしょう》を起こしているということです。こうすることにより、その人たちは自分の不信仰を正当化し、自分を躓《つまづ》かせ、他の祈りまでも答えられなくしています。

不信仰と躓きは、奇蹟を妨げる二大要素です。ですから私はそういう人たちにこう言います。「もしあなたが、今回はじめて祈ってもらうつもりで祈りを受けるなら、私は祈りますよ。」と。聖書は「**今は救いの日です。**」（第二コリント六・２）と言っています。もし私が、未達成の神のわざを忘れさせてあげることができ、逆に神の偉大さを思い起こさせてあげられるなら、彼らが御心を受け取る機会を提供することになるのです。

他のクリスチャンたちは、自分の癒やしや打ち破りのためではなく、他の誰かのために奇蹟を求めて神を試みています。その人たちは、神ではなく奇蹟というひとつの出来事に信頼を置いているのです。神はすでに、地上にいるすべての人が必要とする、すべての奇蹟を買い戻してくださいました。ですからそういう人は自分の信仰を歪《ゆが》め、弱めるばかりか、他の人に対して神の真の姿を隠しているのです。

こういう人に関しては、ひとつの奇蹟のためだけに祈るのはやめて、神が自分に望んでいることを全般的に捉え、同時に、打ち破りの証を集めるよう勧めています。主に信頼を置き、他の領域においても徹底して従うことにより、そのクリスチャンたちは今までよりも素晴らしい油注ぎを受けるようになり、過去に執着していた問題が最終的には益に変えられます。

繰り返しますが、私たちから油注ぎが流れるかどうかは心の持ち方次第です。自分の心の拠り所になっているものが、表に表れます。私たちの心が、未達成の神のわざに根差しており、それによって信仰が支えられているなら、私たちはその拠り所としている考えを表に出すことになります。たとえそれが、宗教的な考えに過ぎなくてもです。その場合、私たちは躓きの恵みを周囲の人に分け与えることになります。

しかし神がすでに行ったわざで心を養うことに徹するなら、心に感謝が湧き上がり、祈りの答えが来ない状況に忍耐する恵みが与えられます。人々は、どうしてコレコレの事柄が起きるのですかと尋ねてきます。しかし私は、神をほめたたえることから湧き出る恵みによってこう答えています。

「わかりません。私にわかるのは、神がすでになしたわざで心を養っていれば、霊的に調子がいいということだけです。」

神がまだ答えを出していない問題によって、躓《つまづ》いてはいけません。神に落胆することは、私たちから力と勇気を奪う罠《わな》であり、人生に荒廃をもたらします。またほとんどすべての落胆は、未達成のわざに心が囚《とら》われるときに起こります。

たとえば、私が関節の打撲の癒やしのために祈っているとしましょう。その人が体を動かすと、まだ痛みを感じます。しかし私はそのことに囚われません。その状況において主が何をしているのかを理解し、証を思い出すことに努めます。そうすることが、癒やしを求めることに役立つからです。

打ち破りを経験せずに癒やしを信じることは難しいかもしれません。しかしクリスチャンにとって最も価値ある勝利は、酷い失敗や落胆を経験した後に起こります。ベテル教会には、医師らによって子宮内で死亡が確認された赤ちゃんが、生き返って無事生まれてきた証がいくつかあります。次の証は余り語らないのですが、何年か前、ある長老の奥さんの赤ちゃんが、子宮内で亡くなりました。私たちが祈ると、主から赤ちゃんは生き返るという語り掛けが来たのを感じました。私たちは赤ちゃんに向かい、生き返るように預言しました。しかし赤ちゃんは死産で、復活は起きませんでした。この出来事は教会全体を動揺させました。

またレディングでは日常的に癌が癒やされます。無癌地帯が生み出されるという主の約束が教会に与えられています。しかし長年にわたり、私の父を含む親愛なる友人や家族らが癌で亡くなっています。こうした状況で私たちは知る限りの手を尽くしました。祈り、断食し、預言し、主の言葉を宣言しました。

最終的にはこの矛盾の只中で、どういうふうに信じるべきかを決断しなければなりませんでした。そして私たちは、問題は自分たちの側にある、という結論に立ち返りました。神の側には一切問題はありません。神が善であるという事実が変更されたわけではありません。そのあと私たちは、この事実に対してどう対応するかを決断しなければなりませんでした。敵はこの事実に乗じて、私たちの信仰をくじくかもしれないからです。

しかし私たちは、自分たちの痛みやもどかしさ、自分たちの足《た》らなさを受け入れ、神にはもっと大きな力がある、という確信を持ちました。そしてそれらの思いのゆえに、私たちは打ち破りを求め、必死になって叫びました。戦いを挑《いど》んで破れましたが、前進し続け、同じ打ち破りを必要とする人々のために祈り続けました。証に表された御心に、徹底して従う覚悟で前進していなかったら、私たちは大いなる勝利を手にすることは決してできなかったでしょう。

誤解のないように言っておきますが、問題は私たちの側にあると言ったのは、神が私たちに失望したとか、何らかの理由で神と私たちの間に争いがあるという意味ではありません。また私たちが神の声を聞き違えたとか、私たちが不従順だったというのでもありません。あるいは私たちの行《おこな》ったことに、まったく効果がなかったというのでもありません。問題なのは、御心が天になるごとく地になされていない世の中で生きている、ということです。

結論から言えば、このような状況になってしまった理由のすべてがわかるわけではありません。このような謎に対して、克明《こくめい》な答えを出すのは至難《しなん》の業です。兄弟たちの告発者は、私たちのアイデンティティーや目指しているものが間違っており、ゆえに不可能なのだと説得しようとしてきます。このような状況においては、私たちは黙示録十二章一〇～十一節の言葉を思い起こす必要があります。

そのとき私は、天で大きな声が、こう言うのを聞いた。「今や、私たちの神の救いと力と国と、また、神のキリストの権威が現われた。私たちの兄弟たちの告発者、日夜彼らを私たちの神の御前で訴えている者が投げ落とされたからである。兄弟たちは、小羊の血と、自分たちのあかしのことばのゆえに彼に打ち勝った。彼らは死に至るまでもいのちを惜しまなかった。

私たちは、証の言葉によって告発者に打ち勝つのです。言い換えれば、私たちにわからないことに執着することによって打ち勝つのではない、ということです。私たちはわかっていることに立脚することによって打ち勝つのです。これについては、ヨハネ九章の盲人が巧みに説明しています。

そこで彼らは、盲目であった人をもう一度呼び出して言った。「神に栄光を帰しなさい。私たちはあの人が罪人であることを知っているのだ。」彼は答えた。「あの方が罪人かどうか、私は知りません。ただ一つのことだけ知っています。私は盲目であったのに、今は見えるということです。」そこで彼

らは言った。「あの人はおまえに何をしたのか。どのようにしてその目をあけたのか。」彼は答えた。「もうお話ししたのですが、あなたがたは聞いてくれませんでした。なぜもう一度聞こうとするのです。あなたがたも、あの方の弟子になりたいのですか。」彼らは彼をののしって言った。「おまえもあの者の弟子だ。しかし私たちはモーセの弟子だ。私たちは、神がモーセにお話しになったことは知っている。しかし、あの者については、どこから来たのか知らないのだ。」彼は答えて言った。「これは、驚きました。あなたがたは、あの方がどこから来られたのか、ご存じないと言う。しかし、あの方は私の目をおあけになったのです。神は、罪人の言うことはお聞きになりません。しかし、だれでも神を敬い、そのみこころを行なうなら、神はその人の言うことを聞いてくださると、私たちは知っています。盲目に生まれついた者の目をあけた者があるなどとは、昔から聞いたこともありません。もしあの方が神から出ておられるのでなかったら、何もできないはずです。」彼らは答えて言った。「おまえは全く罪の中に生まれていながら、私たちを教えるのか。」そして、彼を外に追い出した。（ヨハネ九・27〜34）

この箇所から、盲目だった男性が、証を守ったことは明らかです。歴史の知識を持っていたことが幸いし、彼は自分に起きた奇蹟が指し示すものが何であるかを、とっさに悟ることができました。それはイエス・キリストという人物です。また男性は、宗教的指導者たちの訴えを無視することができました。彼らの質問が、彼の知識の枠《わく》を超えていたからです。男性が知っていたのは、かつて自分は盲目であったが今は見える、ということでした。これは否定できない現実であり、彼にとってそれ以上に重要なことは何ひとつありませんでした。彼にとっての証であるイエスのわざにとどまることにより、男性は効果的に告発者たちに抵抗しました。この話の続きが教えているとおり、男性はメシアと直に出逢《であ》うことになります。その出逢いを通して、彼は神が備えていた恵みの中に、さらに深く入り込むことができました。

ともにいます神

神を認め、それをますます深めることにより、私たちは力と勇気で満たされます。それはまた、私たちをより深い神との出逢いに導きます。証を守り損《そこ》なえば螺旋《らせん》階段を降りることになりますが、証を守るなら、神に向かって螺旋階段を登ることになります。

私たちは、上に向かうか下に向かうかの戦いに日々直面します。悪い知らせや逆境がやって来れば、私たちの意識はすぐにでも否定的な思いに捕らえられ、霊的な力は減退します。同じように、僅《わず》かな時間を捧げて証を思い起こすなら、力と勇気に満たされます。

証を守ることは、霊的な健康にかかわる問題です。肉体に食べ物や衣服を与え、適度な運動をする必要があるのと同じように、証を守ることにより、私たちは霊的に健康なライフスタイルを維持しなければなりません。霊的健康は、神から受けた使命を次の段階に進ませる土台になります。先述したとおり、霊的健康は、神の臨在を認識できるかどうかにかかっています。証を守るなら、臨在を継続的に認識できるようになり、刷新《さっしん》された新しい物の見方で現状に対処できるようになるのです。

しばらく前のことですが、私は二五〇名くらいの教会で奉仕していました。その集会で四〇名くらいの人が癒やしを受けました。それで私は、癒やしの証をしてもらうために人々を前に呼びました。私は講壇を降り、ひとり一人にインタビューしました。列の最後に並んでいた紳士は、鼻を指さしてポリープがなくなったと説明し始めました。男性が鼻を指さした瞬間、私の脳裏に「鼻腔《びくう》形態異常」という言葉がよぎりました。私は、この病の癒やしを何度も目撃しており、その証を持っていました。

証に油注ぎがあることを認識していた私は、ただちにこの紳士との会話を中断し、鼻腔形態異常がある人全員を立ち上がらせ、自分の指を鼻に当ててもらい、癒やしを受け取とらせました。それをした瞬間、六人から八人くらいの人たちが即座に癒やされました。ある女性は、泣きじゃくっていました。翌週、鼻の手術を受ける予定になっていたからです。

一週間後、私は別の集会でそのときの癒やしの証をしました。会場の最前列に座っていた女性の娘さんが鼻腔形態異常で、副鼻腔炎を患っているとのことでした。私の証を聞いた女性は、娘さんのために祈り始めました。私が「鼻腔形態異常」という言葉を発すると同時に娘さんが会場に入ってきたことを、女性は知りませんでした。娘さんは、証に預言的な力があるという私の説教をまったく聞いていませんでしたが、「鼻腔形態異常」という言葉を聞いた瞬間、娘さんの病気は癒やされてしまいました。

私はこういう証が大好きなだけでなく、感心させられています。奇蹟の功績が神にあることが明らかだからです。しかしその一方、私の霊に「鼻腔形態異常」という言葉が示されず、そのひと言を宣言していなければ、証の油注ぎは解き放たれることはなく、その病も癒やされなかったはずです。その言葉の示しは、容易に無視できるほどの瞬時の出来事でした。

証という相続財産を管理するよう神が求めるのは、このようなほんの一瞬の出来事のためなのです。神は私たちにこの膨大《ぼうだい》な資源を委《ゆだ》ねてくださいました。それは私たちが日々励ましを受け、ともにいてくださる方の臨在を感じつつ、あらゆる状況に対応できるようになるためです。またその方は不可能に侵入する方でもあります。その神の民である私たちが、不可能なことはひとつもないという確信によって歩むとき、私たちは内と外にある戦いに勝利します。

真の勝利は、天の現実を地上にもたらすことです。次章では、証が単に勝利の秘訣であるばかりでなく、神が約束された領地を占領するための秘訣であり、神の国の現実をあらゆる都市や国家にもたらす秘訣でもあることを学びます。

注

1. Sermon titled "When the Heavens Flowed Down," http://www.openheaven.com/library/history/lewis.html.

第七章　影響のもとを歩む

神に関する不思議な物語は私たちを魅了し、神の臨在を切望する思いへと私たちを誘《いざな》います。神が意図しているのは、私たちが単に霊的原則に従うことではなく、ご臨在の影響のもとで生活することです。神は恵みにより、神というご人格と触れ合う者として私たちを召《め》してくださいました。これは恵みによって悔い改めに導かれるのと同じことです。まったき赦しを体験し、思いの一新を経験すると、神への深い愛情と親しみがもたらされます。これこそ現今《げんこん》の御国体験の基盤です。

神の国と神の臨在を切り離すことはできません。神は、神に対する私たちの愛情が、神の支配に根差したものとなるために、様々な働きをしておられます。霊的成熟とは神という人格と結びつくことであり、私たちはそれを追及しなればなりません。深みのある教えや分与《ぶんよ》の祈り、逆境などを通して、神は私たちが御国の福音の偉大さを知ることができるようにしてくださっています。

私たちには多くの霊的賜物が与えられていますが、その大半は未発達の状態にあります。賜物に目的や機能が備わっていないわけではありません。まるで頭痛の癒やしと同じような感覚で、人生初の奇跡として癌の癒やしを体験する人々もいるのです。未発達であってもそれが御国のものである限り、王の王のいのちが注がれているのです。思い出してください。スロ・フェニキアの女が語った食卓から落ちたパンくずは、癒やしと解放をもたらすほど力強いものでした（マルコ七・28参照）。また、ほんの小さな信仰であっても、山を動かすことができます。

未発達という表現によって私が云わんとしているのは、それらの賜物にはいのちがあるということです。ただしそれらはまだ小さく、成長していません。主の願いは、賜物の炎を大きく燃え立たせることです。

賜物は無償でもらえますが、成熟させるには代価を払わなければなりません。勇敢で大胆な行動が賜物を爆発的に活性化し、すさまじい実を結ぶ瞬間をもたらします。言い換えると、成長するまで何年もかかるだろうと思っていたものが、時として急成長することがあるのです。しかしそれを引き起こすには、それなりの条件が必要です。大いなる信仰と勇気と大胆さです。パウロにはこの条件が備わっていました。

神がパウロの名前を変える以前、彼はサウロと呼ばれていました。使徒の働きを執筆したルカは、最初は彼をバルナバの後に位置づけて、「バルナバとサウロ」と書いていました。しかし驚異的な勇気を求められる日が到来しました。エルマという魔術師が二人の前に現れ、福音の働きを妨害し、潜在的な回心者たちを惑わそうとしたのです。そのとき聖霊による大胆さがパウロに臨み、この悪魔と対決しました。

ところが、魔術師エルマ（エルマという名を訳すと魔術師）は、ふたりに反対して、総督を信仰の道

から遠ざけようとした。しかし、サウロ、別名でパウロは、聖霊に満たされ、彼をにらみつけて、言った。「ああ、あらゆる偽りとよこしまに満ちた者、悪魔の子、すべての正義の敵。おまえは、主のまっすぐな道を曲げることをやめないのか。見よ。主の御手が今、おまえの上にある。おまえは盲になって、しばらくの間、日の光を見ることができなくなる。」と言った。するとたちまち、かすみとやみが彼をおおったので、彼は手を引いてくれる人を捜し回った。(使徒十三・8〜11)

たった一度の大胆な行動が、サウロの人生を大きく変えました。その直後に彼はパウロという名を与えられ、働きのレベルも引き上げられました。それ以降ルカは、パウロとバルナバという順序で記すようになりました。

ほんの一瞬の勇気により、パウロの中で眠っていた潜在性が解き放たれました。大胆さがミニストリーの引き上げに直接作用したのです。そしてこの御国の現れの要因が、パウロ自身の証だったことには驚かされます。彼自身イエスから叱責を受け、短期間ではありましたが盲目にされました。パウロはその奇蹟を体験していたので、同じことがもう一度起こるとわかっていたのです。

私たちの多くは、特定の賜物が現れるのを何年も待ち望んだ経験があります。しかし実のところ、信者の心に変化が起こるのを、賜物のほうが待っていたのです。そのような変化は、私たちが外面的な困難に遭遇するとき、内なる霊に起こります。パウロが大胆な行動を取ったとき、まさにその変化が起こりました。大胆な信仰を持つなら、私たちにも同じことが起こり得ます。

すべての人は指導者

すべての信者には、統率する役割があります。すべての人が職務としての指導者になるわけではありません。しかし誰もが統率者です。事実、神の言葉を聞くために、世界中の国々が神の民のところに流れてくる日が到来します。（ミカ四・2、イザヤ二・2〜3参照）

イエスは、すべての信者が彼の声を聞き分けるのは当然だと教えました。ということは、すべての信者は、イエスの言っていることを他の人に語ることもできるということです。ヘブル書の著者は、すべての信者に統率の使命があることを肯定して次のように言いました。

あなたがたは年数からすれば教師になっていなければならない。（ヘブル五・12）

聖霊はすべての信者に与えられています。それは、すべての信者が人々や都市、国々に変化をもたらす、という重責を果たせるようになるためです。
どんな軍隊にも将軍が必要です。しかし新約軍の兵隊は、旧約軍の将軍よりも霊的能力が優《まさ》っています。イエスはそれを指摘して次のように言いました。

天の御国の一番小さい者でも、彼（ヨハネ）より偉大です。（マタイ十一・11）

聖霊に満たされた人生を送る一番小さな人は、旧約聖書で最も偉大だった預言者よりも偉大です。だからこそすべてのクリスチャンが、影響力のあるリーダーとして自分を見なすべきなのです。それによって私たちの優先順位が変わり、学び方が変わり、学ぶべき事柄も変わり、困難に対する対応の仕方も変わるからです。

指導者の責任とは

私たち指導者にとっての最大の責任が、統率することと無関係であるというのは興味深いと思います。指導者の責任は次に述べることです。指導者は、王の王なる方とその王国の影響のもとで生きなければならない、ということです。指導者がはっきりと意識すべきことは、自分が御心に適《かな》ったものの影響を受けるなら、自分の周囲の人々も御心に適った影響を受ける、ということです。自分が最も影響を受けるべきものは、主の御わざであることをはっきりさせなければなりません。神の国の超自然的侵入による影響力が増し加わりつつあることは、歴史が証明しているからです。

民は、ヨシュアの生きている間、また、ヨシュアのあとまで生き残って主がイスラエルに行なわれたすべての大きなわざを見た長老たちの生きている間、主に仕えた。…その同世代の者もみな、その先祖のもとに集められたが、彼らのあとに、主を知らず、また、主がイスラエルのためにされたわざも知らないほかの世代が起こった。…彼らは、エジプトの地から自分たちを連れ出した父祖の神、主を捨てて、ほかの神々、彼らの回りにいる国々の民の神々に従い、それらを拝み、主を怒らせた。（士師記二・7、10、12）

ここに書かれていることは単純ですが、同時にとても深遠《しんえん》でもあります。イスラエルで指導者が起こされるたびに、彼らを通して神の御わざが表され、ひとつの国家が神を知る心、神に従う心を持ったというのです。ヨシュア記二四章三十一節でも同じ原則が繰り返されています。私たちはそこに書かれていることを、絶対に忘れてはなりません！

超自然のわざを目撃した人が受ける影響は深遠です。超自然のわざというのは、人間が操作したり、説明したり、理解することができない代物《しろもの》だからです。わざの現れは、見事の一言に尽きます。超自然のわざは、不思議を行うお方に人々を引き付けます。この聖句には、もうひとつ暗示されているものがあります。それもまた実に深遠です。指導者たちが神の超自然的介入を忘れ去ってしまった場合でも、あるいはもっと悪いことに、そういうものを一度も経験したことがない場合でも、いずれにしろ民は神に従わなかったということです。どちらも悲惨です。

ヨシュアや彼の時代に生きていた長老の後を引き継いだ指導者らが、イスラエルの民を神から引き離そうと意図的に企《たくら》んだわけではないと思います。通常、冷えた心や反抗心が突然生じることはないからです。しかし奇蹟が起こらない場合、徹底して神に従う人々が起こされることはまずありません。それればかりではありません。次のことを考えてみてください。聖書中のほぼすべての指導者は、奇蹟か超自然的なわざを体験しています。ところが多くのクリスチャンは、それなしで生きてゆこうとしているのです。神の超自然のわざを見せつけられると、指導者たちの統率力は変化します。それにより、人々の神を求める意欲もまた変化するのです。

超自然のわざを見せつけられると、霊的ＤＮＡが変化します。その人の中で何かが変わってしまい、人々はその指導者から、神を求める心を受け継ぐようになります。真の使徒的指導者は人々を支配することはせず、むしろ力を分与《ぶんよ》します。神への情熱を分与する能力は、霊的指導者に最も必要なものであるにもかかわらず、最も磨《みが》かれていないスキルでもあるのです。

奇蹟の不在により、旧約聖書の中では冷えた心以上のものが生じました。人々はそれ以上に酷《ひど》い状態にあったのです。士師記二章十二節は、民は神を「捨てた」と言っています。これが暗示するのは、イスラエルが意図的に神に背を向けたということです。

指導者は、良かれ悪しかれ霊的な空気を生み出すものです。真の霊的指導者は、天国製の**霊的天候製造機**を持っており、それによって自分の影響下にある空域に変化をもたらします。指導者が天の空気の中で生活していれば、天の空気である奇蹟が地上にもたらされ、指導者の能力が変化し、人々を超自然の世界に導き入れるようになるのです。

すべての秩序は生活向上のためにある

聖書的な統治《とうち》の模範は家庭に見られると思います。父親と母親が無力な宗教を信じる傾向にある場合、その子孫は、動機づけがほとんどなくても、代価を払ってその家系の義の遺産を引き継ぎます。

しかし家庭や教会の性質が目的意識や情熱、また力を土台にしているなら、次世代がたいまつを手にして世の暗闇の中で立ち上がり、神の御心を地上に宣言するようになる傾向が強まります。ですから母親と父親は、物心両面において目的意識や情熱、また勇気を持って立ち上がらなければなりません。それは彼らが、地上における神の超自然的な働きを担《にな》うためです。

イスラエルに超自然のわざが起こらなかった責任は、奇蹟を体験しなかった世代だけにあるわけではありません。むしろその父祖たちにあるのです。彼ら自身は奇蹟を体験していましたが、奇蹟を継続させるための代価を払わなかったからです。

ヨシュアは相続財産として、モーセから超自然的なライフスタイルを授《さず》かりました。相続とは、別の誰かが代価を払ったものを無償で受け取ることです。しかし無償で受けたものを発展させる代価を私たちが払わないなら、次世代に残せるものは何ひとつありません。

ヨシュアの世代は奇蹟を体験し続けたわけではありませんでしたが、義の精神を維持するに足る影響力を持ちあわせていたというのは皮肉なことです。しかし証による呼び掛けに応じて力の領域に踏み込むことなくして、すべての世代が義の精神を維持できたわけではありません。このことは、単に物語自体を記憶すること以上の責任が求められることを意味します。私たちは物語をとおして、不思議を行う神と深い出逢いをますます経験する必要があります。その出逢いは、自分の周囲で数々の不思議が起こるようになるほど深くなければなりません。証の油注ぎを受け、私たちはますます霊に飢え乾き、超自然的な打ち破りをますます追い求めていく必要があるのです。

力のない生活は悲惨な結果を招きます。神の超自然的な介入がなかったために、指針《ししん》を持たない世代が台頭《たいとう》しました。彼らは神の不思議なわざを経験しなかったために戸惑い、遂には反逆しました。私たち一人ひとりの生活は、神との出逢いによって支えられるべきです。歴史に見られる冷たい心の世代の台頭は、キリスト信仰を、人間的に可能な歩みのレベルに引き下げたことが原因です。道徳的な教えは絶対に必要ですが、それによって新しい世代の心に、永遠の目的のために戦う灯《ともしび》をともすことはできません。人は生まれながらにして、大義と目的によって生きる力を得るものだからです。キリスト教会の特徴は、規律ではなく情熱であるべきです。私たちはキリストへの熱い情熱で燃やされるべきです。ひたすら彼のためだけに！

奇蹟を体験し続ける

教会のあらゆる指導者の責任は、神の奇蹟と奇蹟の神の両方を体験し、それを継続することです。誠意をもって心から神の民を思いやることは大切ですが、それによって彼らに奇蹟を体験させることはできません。

超自然的なわざが増えることによって教会にもたらされる変化、またその教会を通して外部にもたらされる変化は、指導者が優れた信仰書を読んだからといって実現するものではありません。必要なのは体験ですから、読書だけでは補うことはできません。奇蹟の世界を見せつけない限り補うことはできません。そのような変化は、指導力を磨いて人々の長所を引き出すだけでは起こりません。奇蹟によって現された神の栄光ほど、大きな変化をもたらせるものはないからです。地上における神の奇蹟的なわざにより、周囲の人々に影響を与えつづけることは私たちの義務です。そうすることには計り知れない報いがありますが、それを軽視した場合の損失は永遠です。

私の友人たちは長年にわたりアフリカや南米で定期的に奉仕し、こんにちでも不思議を行う神に触れ続けています（それらの国々で、奇蹟が日常的に起きていることは周知の事実です）。そういう環境にいる人々は、言葉だけで説明できる神観《かみかん》を生み出すことに取り組んできた、北米の偏狭《へんきょう》な宗教的文化のもとで生きることに承服できません。偏狭な神観は、神を人間の理性の枠に収まるサイズに縮小してしまうからです。その結果、奇蹟はほとんど起こらなくなりました。

しかし感謝なことに変化が起こりつつあります。北米でも普通では考えられない奇蹟が、頻繁《ひんぱん》に起こるようになっています。これは大勢の指導者たちが奇蹟を体験しつづけ、不思議を行う神の影響下にとどまる努力をしてきた功績です。情熱的に御国の福音を慕い求めてきた教会が、実を結んだのです。

私は神の超自然的介入の証を宣言しつづけていますが、それに伴い奇蹟も起きています。そして奇蹟が伴う人生を意識してこなかった信者の多くが、**回れ右**しています。彼らは、神を慕う情熱に影響を受けることになるとは思ってもいなかったようですが、今は神を求めることがライフスタイルになっています。不思議なわざを行なう神を体験した人たちは、自分たちがいのちにあふれた歩みをするようになった理由が、今はわかると私に言います。そういう話を聞くと驚かされます。彼らはつい先日まで、そのような情熱を持っていなかったからです。

鍵は奇蹟を見せることです。本当に新生している人が本当の御霊の働きを見せられると、可能だと思ってもいなかった人生の目的や召命に突如として目覚めます。これこそキリスト者の標準的生活です。奇蹟を見せられた指導者は、奇蹟を見せるようになります。そうすると教会生活の本質が変化するのです。

更にスリリングなのは、不思議の神と出遭うことにより、未信者までが人生の目的と召命を見出すことです。何人かの教会員が地元のレストランで、隣のテーブルの会話を盗み聞きしました。隣のテーブルの女性は、癌があったのでレディングに癒やしを受けに来たそうです。教会員たちは隣のテーブルに行き、彼女のために祈ってあげました。ところがそのとき、悪霊の現象が起きて大変ことになりました。しかし彼女の尊厳《そんげん》を守るため、教会員たちはとても控えめに対処し、イエスによって女性は解放されました。

ところがそのテーブルがレストランの真ん中にあったため、周囲の人たちに気づかれてしまいました。支配人は、ウエイトレスのひとりが仲間に話しているところを目撃しました。彼はウエイトレスに、お客の教会員たちが行っているベテル教会に出席したことがあるかと尋ねてきました。彼女が「はい」と答えると、支配人は彼女に罪を告白し始めたのです。力と憐れみがレストランで目撃されたことにより、支配人はイエスを受け入れざるを得ない状況に置かれました。彼は力を見せつけられ、心の内を曝《さら》け出したのです。

私の心がワンダー（不思議）で満たされていないなら、神がワンダフルだと言える資格は私にありません。もし私がパワーで満たされていないなら、神はパワフルだと言う資格は私にありません。私の視線がどこに向いているかによって、私にとっての現実が何であるかが決まります。

天は神への揺るぎない信頼で満ちていますが、地上は不信で一杯です。人間は、自分の意識が向いている領域の性質を表に出すのです。

私たちがしるしに驚嘆していれば、キリスト教会の性質にもそれが反映します。奇蹟の神を見せつけることは改革に必要なだけでなく、選択の余地のない義務でもあります。証で養われる文化を強力に推し進める要因は、奇蹟の神を見せつけることなのです。

第八章　変革の力

ベテル教会は奇蹟のわざの注ぎかけという特権に預かっていますが、それは私たちが証を大切にしていることと直接的な関連があると、私は真剣に考えています。証を重視するなら、神による超自然的介入を絶えず意識することができます。すると今度は、私たちの会話の内容が変わってきます。イスラエルの成功の要因は、何を思い、何を語るかにありました（ヨシュア記一・8参照）。人は自然と、いつも意識していることを繰り返すからです。

毎週のスタッフミーティングと毎月持たれる役員会では、神のわざを近況報告する時間を持っています。少なくとも会議時間の半分は証の分かち合いに捧げており、通常は一、二時間かかります。それらの証は、癒やしや霊的解放、救い、夢や幻の体験、子供や家族関係の回復、夫婦関係の癒やしなどです。私は人を雇《やと》うまでして、これらの証を録音することにしました。神の超自然的介入を大切に保管するためです。こうすることは、私たち全員の「任務」であると考えています。

証は私たちを励まし、意識を高めてくれます。実際、一時間半も天の介入の話を聞いた後で、落ち込んだまま帰ることは不可能です。証を分かち合うことにより、私たちはお互いに預言の霊を解き放っています。

「これが私たちの神です。これが神の本性です。神はこれからもこういうことをなし続けます」と。こうすることにより、自分たちが直面している不可能に打ち勝つ恵みを得られるのです。

残念ながら、奇蹟に対する畏敬《いけい》や感謝の念を失ってしまうことはあるものです。荒野にいたイスラエルは、四十年にわたり毎日超自然的に健康が守られ、マナを降らしてもらい、履物《はきもの》も擦《す》り切れませんでした。それに加えて、雲と火の柱という目に見える主の臨在を体験していました。想像するのも困難ですが、それにもかかわらず彼らは主に対してしばしば不平を言いました。

感謝し期待する心を養わないなら、私たちも同じ不平を持つかもしれません。奇蹟を見ても感動できないとしたら、それは神に対する苦々《にがにが》しさや不信仰、かたくなな心を持っていることを示す警告です。あるいは願いが叶えられない状況に心が囚《とら》われてしまい、神のわざに対して感謝するのをやめているのかもしれません。

よくあるもうひとつの誤《あやま》りは、しるしが指し示すお方よりも、しるしそのものに心が奪われしまうことです。この状態になると、人は人間的な価値基準で奇蹟を評価するようになります。すると奇蹟を難易度順《なんいど》に分類するようになり、自分自身には白血病だけでなく、頭痛すらも癒やす力がないことを忘れてしまうのです。

奇蹟を病の重篤《じゅうとく》さと直接結びつけ、娯楽のような感覚で評価するなら、感謝し喜ぶことがますます困難な状況に陥《おちい》ってしまいます。こういう人は、エイズや癌の癒やしには賛美の声を上げますが、腰痛が治った場合は、ありきたりの癒やしとしか評価せず、無反応になります。

私たちは問題の大きさに応じて喜ぶべきではありません。天の侵入そのものを喜ぶべきです。私は何千もの奇蹟を見てきました。確かにその中のいくつかは、他のものよりもドラマチックです。しかし私がしなければならないのは、それらすべての中にある、神の素晴らしさを祝うことなのです。

主の前に自分の心を管理し、しるしではなく主を見上げるなら、私たちは主に畏敬《いけい》の念を持つことができ、感謝を捧げ、御名をほめたたえることができます。小さなことを管理する忠実さが認められるとき、私は更に重要なことを担う者となるのです。

会話の中で証を語ると、心と思いは神の啓示で満たされます。そして神の臨在と神の道を、はっきりと認識することができます。また啓示によって私たちの思いと心が訓練され、自分が置かれている状況を天の視点で見ることができるようになります。

過去と現在の神のわざに目を向けるとき、私には感謝の心が与えられます。そしてそのような心の姿勢は、周囲に対する私の影響力をこれまで以上に高めます。そうすることによってはじめて私は、神を意識しながら生きるようになるのです。

不可能に侵入する神を意識しつづけないなら、私は自分に与えられている賜物の力だけでミニストリーをするほかありません。それらの賜物は、船の帆と同じです。風が吹かなければ役に立ちません。誰もが、賜物を機能させる神の風を必要としています。神の風が吹かない限り、賜物が永遠に残る実を結ぶことはありません。神のご人格や神の御わざを常に心にとめることができないなら、私たちは神抜きで働きをする選択をしなければなりません。そうなれば、「自力でなし得ること」という枠の中に、自分を閉じ込めることになるのです。するとどうなるでしょうか。落胆、小さなビジョン、月並みのミニストリー、燃え尽き症候群、その他諸々の問題で指導者たちは苦しむことになります。そして神のわざとは無縁の歩みをする羽目になるのです。

黄金時代

このような方法で御国の文化を創設することは、今に始まったことではありません。ダビデとソロモンという、史上、最も成功を収めた二人の指導者から手がかりを得ているのです。

私見《しけん》ですが、忠実な指導者が忠実な指導者の後を継いだのは、イスラエル史上、この二人の時代だけです。（ただしそのうちの一人は、超自然的な力の継続的体験の欠如《けつじょ》が一因となり、のちに悲惨な選択をすることになりました。）父親の遺産を引き継いだソロモンは、周辺国に名声が響き渡るほど祝福と平和に満ちた国家を築きました。父の遺産という土台があったからです。

この二人が所有したものはイスラエルを黄金時代へと導きましたが、二人が所有したものとはいったい何だったのでしょうか。ソロモンは箴言の中で、父親の情熱に関して述べています。他の何にもまして知恵を求めるようにと、父は子に諭《さと》しました。では知恵を求めるダビデの情熱はどこから来たのでしょうか。指導者として成功する鍵を、ダビデはどのように発見したのでしょうか。次に挙《あ》げる彼の言葉を見てみましょう。

主のあかしは確かで、わきまえのない者を賢くする。（詩篇十九・7）

上記にあるとおり、ダビデは証から知恵を得ていました。別の詩篇の著者は、証の影響力について次のように付け加えました。

まことに、あなたの証は私の喜び、私の相談相手です。（詩篇百十九・24、英訳より）

私は私のすべての師よりも悟りがあります。それはあなたの証が私の思いだからです。（詩篇百十九・99、英訳より）

証は心に助言を授《さず》ける

ダビデは神の証に情熱を注いでいたので、驚くべき霊的体験と啓示を手にすることができました。ダビデが持っていた統治の知恵は、体験や啓示と同じ源泉から来ていました。ダビデは主の証から助言を授かり、深い知恵と悟《さと》りを得ていたのです。それらの知恵や悟りは、「すべての師」よりも優れていました。

ですから、私たちも証から知恵を授かるべきです。私たちは日夜、何らかの決断を下すよう迫られます。キリスト者である私たちの意識や願いは、神だったら同じような状況においてどのような行動を取るか、という点に向けられていなければなりません。証はその判断の助けになります。証とは、神による超自然的介入の前例だからです。証の本質は、「**神は同様のことを繰り返す**」という点を伝えることにあります。

ですから証に基づいて決断を下すなら、奇蹟を繰り返す神の御心に基づいて決断することができます。私たちは癌の癒やしを何度も見てきました。それらの証から受ける助言は、目の前に存在する癌が消え去り、肉体が癒やされるよう命ずるべきだということです。

また証は、神の本性や神の働き方についても助言を与えます。証は私たちが思いの中核とすべき真理をもたらし、不可能な状況を天の視点で見られるようにしてくれます。

神と神の道の知識において成長すること、それが知恵を得る鍵です。真の知恵は、神との関係を離れて手に入れることはできません。ヘブル人の知恵の本質は、理論というよりは、むしろ神的な選択をする能力です。賢者の願いは神を喜ばせることでした。ソロモンは「**主が知恵を与える**」（箴言二・6）と言いました。御国の原則を重視すれば、神が約束している祝福を経験することは可能です。しかし神との関係から来る知恵なくして、**神の望みどおりの**人生を生きられる人は誰もいません。

箴言三章一九節に、「**主は知恵をもって地の基を定め、英知をもって天を堅く立てられた**」とあります。神の知恵には、創造のわざにかかわる青写真と設計図がすべて含まれています。**地上の人生いかにあらん、**という問いの答えもまたしかりです。神の知恵を神ご自身から引き離すことはできません。神の知恵は、神の特徴や本性、神の御心や願いの表れだからです。

ソロモンは知恵の本質を見出し、知恵を神格化して表現しています。そのような表現がされている箇所が、箴言の中に数箇所あります。次に挙げるのは、八章で述べられている神格化された知恵の箇所です。

主は、その働きを始める前から、そのみわざの初めから、わたしを得ておられた。大昔から、初めから、

大地の始まりから、わたしは立てられた。……海にその境界を置き、水がその境を越えないようにし、地の基を定められたとき、わたしは神のかたわらで、これを組み立てる者であった。わたしは毎日喜び、いつも御前で楽しみ、神の地、この世界で楽しみ、人の子らを喜んだ。(箴言八・22〜23、29〜31)

この箇所には、神格の別の一面が表れています。それは互いに交流し、互いの親しさや喜びを通して宇宙を創造するという一面です。世界や人を創造した神格としての知恵については、第一コリント一章三〇節にも書かれています。箴言によれば、その知恵は喜びという動機に突き動かされて、私たちを創造しました。

私たちは喜びから生まれてきたのです。また喜びのために造られました。私たちが恒久的《こうきゅう》に喜べない人生設計は、神の意図と矛盾するということです。この箇所の最後の四つのフレーズの中には、神と知恵の関係、また私たちと知恵の関係が並列しています。それら双方の関係は、「喜び」と「楽しみ」という二つのキーワードで描写されています。神はご自分と知恵の関係と同じような関係を持つように、私たちを造られたということです。互いに喜び、互いに楽しみ、創造のわざに協力する関係です。

創造のわざ

ダビデとソロモンの黄金時代は、私たちが神の創造のわざの同労者であることを示す予表《よひょう》です。ソロモンは父に教えられた多くのことを実行し、目に見える形に現しました。彼にそうすることができたのは、主に知恵を求めるよう教えられていたからこそです。

ソロモンは「**家は知恵によって建てられ、英知によって堅くされる。**」（箴言二四・3）と宣言しました。箴言八章と合わせて考えるなら、家を建てることは知恵の御霊と私たちの共同創造、と言い換えられるかもしれません。なぜなら「家」と訳されているヘブル語には、家族や家庭、神殿や都市、民族という意味があるからです。

ソロモンは知恵であるお方との喜びの関係や共同創造の働きを体験し、それらに関する箴言をしためました。ソロモンは、彼が建てた建造物、すなわち神殿や宮殿のことで広く知られるようになったばかりでなく（どちらも家であり家庭です）、イスラエルという家も建て上げました。

多くの人は神の知恵を保守的な思想と関連づけますが、神の知恵は禁欲的で干からびた保守的思想と区別しなければなりません。箴言八章の中心的メッセージは楽しみや喜びです。また表現力に富んでおり、幸福感があり、創造的でもあります。十二節では知恵なる方がこう宣言しています。

知恵であるわたしは分別を住みかとする。そこには知識と思慮とがある。（箴言八・12）

宗教による問題の解決策は、通常どれも非創造的なものばかりです。それらは創造的で幸福感のある表現を、みな揉《も》み消しています。しかし神の知恵には創造的でいのちをもたらす性質があり、私たちが実践すべきものです。神の知恵は周囲を支配しようとはせず、かえって束縛から解放することを意識しています。これは神の知恵の目的が、天の祝福や繁栄を体験させることだからです。

ソロモン時代のイスラエルが有名になったのは、軍隊が強大だったからではありません。裁判や福祉制度の質が高かったからでもありません。欠けていたもののゆえに(欠けていたものとは敵と病です。)有名だったのでもありません。そうではなく、平和と豊かさのゆえでした。神の知恵がもたらす解決手段は、単に問題を取り除くだけではありません。神の知恵は卓越性《たくえつせい》や祝福を不動のものとし、領地を拡大するのです。

神の知恵がもたらすものは単なる建物の偉大さや壮麗《そうれい》さではなく、繁栄と敬虔です。ソロモン時代の社会には、繁栄と敬虔さが行き渡っていました。第一列王記四章には、「**ユダとイスラエルの人口は、海辺の砂のように多くなり、彼らは飲み食いして楽しんでいた。**」（第一列王記四・20）とあります。またイスラエルの「**周辺のすべての地方に平和**」があり、「**おのおの自分のぶどうの木の下や、いちじくの木の下で安心して住むことができた。**」とあります。（第一列王記四・24〜25）

今も多くのユダヤ人は、ダビデとソロモンの治世をイスラエルの黄金時代と評価しています。私たちクリスチャンはキリストにあって、神の国の到来に期待しています。ソロモンは神の知恵によって支配することにより、イスラエルに天の統治をもたらしました。イスラエルは平和、繁栄、喜び、安全を享受《きょうじゅ》しました。それらはイスラエルが御国と一致していたことのしるしです。

なぜなら、神の国は……義と平和と聖霊による喜びだからです。（ローマ十四・17）

ダビデとソロモンの関係、すなわち世代間における知恵と目的の継承《けいしょう》は、キリストと教会の雛型《ひながた》です。ダビデは誰もが神の臨在に近づける道を切り開き、イスラエル王国の土台を築きました。ソロモンはその土台の上に神の国を打ち立て、礼拝と社会生活を成熟させました。同様にダビデの子であるキリストは、神の国の到来を告げ、聖霊との共同作業による宣教と、天になるごとく地上にも御国を打ち立てることを、教会に命じました。

すべてのクリスチャンには、その命令を遂行《すいこう》する責任があります。神の知恵を第一に求めるべきだという点において、神は私たちにソロモンと同等の役割を与えています。私たちは王、そして祭司となるよう召されているのです（黙示録一・5参照）。この役割は、王である方とその王国の代表を務めることです。そうすることにより、天の現実を地上にもたらすためです。

私たちが代表を務める王国は、神の知恵を完全な形で表現しています。私たちとともに働く御霊は、知恵の御霊です。つまり私たちには、この世界のオリジナルデザインにかかわる特権、また世界を創造し維持する力を用いる特権が与えられているということです。

この世界は、天地創造をする神の意図から逸脱《いつだつ》したゆえに、問題があふれています。しかし私たちには、世界が直面するあらゆる問題に対する答えが委ねられています。キリストは「**神の国は、あなたがたのただ中にある。**」（ルカ十七・21）と宣言しました。私たちのなすべきことは、神の知恵を用いて、自分の中にある御国を周囲に表すことです。使徒パウロは、教会に神の知恵を表す使命があることについて、エペソ三章八～十二節でこのように述べています。

すべての聖徒たちのうちで一番小さな私に、この恵みが与えられたのは、私がキリストの測りがたい富を異邦人に宣べ伝え、また、万物を創造された神の中に世々隠されていた奥義を実行に移す務めが何であるかを明らかにするためにほかなりません。これは、今、天にある支配と権威とに対して、教会を通して、神の豊かな知恵が示されるためであって、私たちの主イエス・キリストにおいて実現された神の永遠のご計画に沿ったことです。私たちはこのキリストにあり、キリストを信じる信仰によって大胆に確信をもって神に近づくことができるのです。

キリストにおいて実現された、神の永遠の目的とは何でしょうか。人類を神の子どもとして回復し、被造物を神とともに共同統治するという原点に立ち返らせることです。私たちが神の子どもとして成熟し、御心、すなわち神の知恵を表す手本となるとき、私たちは、天のところにある主権や力に対して、キリストが勝ち取った勝利を行使《こうし》する者となるのです。

ソロモン時代のイスラエルの証は、私たちの心を掻《か》き立てます。ダビデとソロモンは、証を守ることによって力と知恵を得ました。それにより彼らの国は、未だ嘗《かつ》てなかったレベルの変革を遂げたのです。

内住《ないじゅう》する知恵の御霊により、私たちは契約の中に入れられています。ですから私たちは、自分を通して、神が周囲の人々を変革することを期待すべきです。ダビデとソロモンの証が明示していることは、この世がどんどん悪くなっているのは再臨が間近に迫っているからだという歪曲《わいきょく》した考えに、信者として、社会に遣《つか》わされている私たちが安住すべきではないということです。

もし神が地上で質の高い生活を送ることを意識していないとしたら、イエスの奇蹟はすべて無意味だったことになります。イエスは盲目の人に、天国に行ったらイエスを見ることができるから素晴らしいですね、と言って慰めることはしませんでした。人間関係や経済、また権威に関するイエスの教えはすべて、現世《げんせ》の生活が天の影響を受けることにつながっていました。

ダビデとソロモンの証、またイエスや初代教会の証が明示していることは、私たちが召されている変革の使命は、ひと世代だけで終わってしまうものではないということです。自分の生涯が終わった後も変革が継承されるビジョンを持つよう、私たちは召されています。世代を超える証のビジョンは、初期の頃の命令の中に見ることができます。申命記六章六〜七節にある命令は、証を守るためにまず初めにすべきことは、子供たちに証を教えることであると述べています。

これはイスラエルの民の生活を支える柱のひとつでした。また前述したとおり、詩篇七八篇の著者は、この命令の重要性と、後の世代を神との継続的な関係の中に保つ力がこの命令にあることを認識していました。

主はヤコブのうちに証を置き、みおしえをイスラエルのうちに定め、私たちの先祖たちに命じて、これをその子らに教えるようにされた。後の世代の者、生まれてくる子らが、これを知り、彼らが興

り、これをその子らにまた語り告げるため、彼らが神に信頼し、神のみわざを忘れず、その仰せを守るためである。（詩篇七八・5～7、英訳より）

ダビデとソロモンの霊的遺産の中で、後の世代は証によって一致しました。ひとつの世代が証という啓示を相続財産として受け取り、父祖が敷いた土台の上で神との関係を求め、責務を果たしていくとき、証を実践する度合いは爆発的に増加します。

私たちは、次世代への霊的投資を信じています。私たちが築いた屋根が、彼らの床になるためです。ダビデとソロモンの関係に見られる原則が何かといえば、ソロモンが父親の屋根の上に床を築いたことにより、その建物は平屋建てから高層ビルになったということです。そのようなことが起きたのは、神の本性を表す証が確立していたからこそです。その社会変革の土台だったものは証です。証が土台として据《す》えられているなら、そこには無限の可能性が秘められています。社会にとって、神の本性に優《まさ》る土台はないからです。

協定の力

神による世界変革は、家族が敬虔な子孫を生み出し、契約の中を歩むことによって働く協定の力に基づいています。この戦略は神の知恵によるものです。私たちの歴史観は、神の人格に関する原則と、神の働き方の原則に土台を置いていなければなりません。これらの原則は証の中に表されています。先述したとおり、私たちには啓示の継承、分与の継承、後の世代への影響力の継承が必要です。

世代を超えたリバイバルと変革には、意識的な取り組みが必要です。詩篇七八篇の著者は、父親、子供、孫、曾孫に至るまでが証を守ることに言及しています。大まかに言えば、四世代は一世紀に相当します。

私は、リバイバルと御国の変革を百年間継続するというビジョンを受け入れることにしました。そのビジョンを実現するためには、証の影響のもとですべての決断をくだし、証の影響のもとで戦略を練らなければなりません。私たちは神の働きを思い起こし、記録し、会話の中で語り、教え、学ぶ必要があるのです。

私の家族に関して言えば、次世代の訓練目標は、神による超自然的介入を意識させることです。私たちは時間をかけて子供たちに奇蹟の話をしています。これは彼らに奇蹟への飢え渇きと期待感を持たせるためです。私たちは子供たちに、神の御心に関する約束を教えます。結果として幼い子供たちは預言を語り、病人を癒やし、天使の訪問を体験し、証の中で語られているほとんどすべてのことを経験しています。子供たちが成長するまで待つ必要はありません。

私たちの街においては、証によって神との出逢いも変化しています。たとえばですが、教会員たちが奇蹟を必要としている人と出逢って奉仕することにより、証にある預言的な力が解き放たれることが頻繁にあります。教会員たちは、出逢った人と似たような状況にあった人の打ち破りの体験を語ります。時には単に証をするだけで、神がその場で「同じ奇蹟を繰り返す」ことすらあります。

離婚率が高いという統計の話や近隣に貧困があるという話を聞くと、私たちは夫婦関係の癒やしや経済的打ち破りの証を意識的に集めます。それによって霊的に武装するのです。なぜならそういった「統計値」と出くわすことは、避けられないからです。そういう状況に遭遇した場合に備えて、御あつらえ向きの証を用意しておくのです。

しかし私たちが同時にしていることは、街に対してこれらの証を宣言することです。そうして預言的な油注ぎを解き放つことにより、街の空気に変化をもたらすのです。街の霊的弱点、あるいは霊的な破れになっている場所に的《まと》を絞《しぼ》り、天の侵入を引き起こすのです。

実際こうすることにより、レディング市には大きな経済的変化が起こりました。レディングは過去十年間、「貧困《ひんこん》団地」として知られていました。主は、ライフスタイルになるまで徹底して気前良くお金を使い、レディングに働く貧困の霊を狙《ねら》い撃《う》ちにするよう示されました。ウエイターやウエイトレスへのチップに始まり、他教会への献金に至るまでそうしています。

言い換えるなら、語り継ぐにふさわしい証を生み出すようにと、主は言われたのです。街が経済的に変化した話を未信者が語るなら、彼らは否《いや》が応《おう》でも、街に対して預言を語ることになります。それは素晴らしいことではないでしょうか。

現在、レディング市は、著しい経済成長を遂げています。私たちは、それが神の知恵によるものであることを知っています。同時にそれは、経済の領域で、証の効果が表れたためでもあるのです。

後の世代まで続くリバイバルと社会変革は、御国が天になるごとく地上に訪れることです。それは神にとっての最優先課題でもあります。私のあらゆる行いは、それが動機となっていなければなりません。証を守るなら、神の本性に関する啓示が地上で解き放たれることになります。そしてそれは、人類の惨状《さんじょう》に対して神の力を解き放つことでもあります。預言的な油注ぎ、また神の知恵という天の資源を解放することは、リバイバルの維持に役立ちます。こうしたことが世界中の教会で、意識的に行なわれなければなりません。

本書で私が一貫《いっかん》して伝えたいのはこの確信です。証の力がこの世代に解き放たれ、世界の歴史の行方《ゆくえ》を方向づける力となることを、私は本気で信じています。そのような思いで、人々や都市、国家に対して預言するとき、私たちの意識は間違いや幻想からシフトし、神の願いに向けられます。その神の願いこそが、私たちと後の世代の連帯を生み出し、証という遺産を通して表される神を情熱的に求める力となるのです。

第九章　神の臨在を現す

神とその人々に対する最大の責任は、雄弁に福音を伝えることでも、奇跡を次々に現すことでもありません。単に教えの場や、個人に対する証の場で、真理を語るだけでもありません。私たちの最も大きな責任は、神を知ることであり、他の人々にも知ってもらうことです。このことを効果的に行う方法を、人生をかけて学ぶべきであり、追い求めるべきです。

少なくともここ二〇年ほどの間、人々に神と出会う場所を提供することが義務であると確信し、それが私の原動力となってきました。人々にただ真理の言葉を伝えること以上の責任が、私にはありません。人々のために行う行為一つ一つに、神との出会いの機会が含まれている必要があるのです。もし私が聖霊で満たされているのであれば、教えや、奉仕、そして私が行うミニストリーがどのような形をとったとしても、神との出会いの場を提供するようになるでしょう。

使徒パウロが「そして、私のことばと私の宣教とは、説得力のある知恵のことばによって行われたものではなく、御霊と御力の現れでした。」と語った時、このことを言い表しています。人々が真理を受け取るために、私たちの知恵や賜物、能力などによって説得される必要はないのです。これらのものは、重要度としては二番目に来ます。人々が本当に必要としているのは、神です。神の力を知ることは、神に出会うことです。パウロはこのことについて確信を持っていたので、人々が神の力に信仰を置くようにと願っていました。（1コリント二・5参照）

地上に現すことを学ぶ

神は約束の神です。主は、自分の子どもたちと自分を約束で結ぶことに、何の不安もなく、確かな自信と力をお持ちです。私は神との約束を、仕事上の契約のように考えることはしたくないと思っています。それではあまりにも、乾《かわ》いた関係に見えます。

私はこの約束を、互いの関係を強化するものと考えたいと思います。従順を通してイエスに近づいて行く時、この従順が主の臨在、力、そして栄光を現していくのだと知ることになります。そしてこの事について完全に理解してはいないのですが、神はどうやら私たちの意見や考えに興味を持っておられるようです。

主は「あなたがたがわたしにとどまり、わたしのことばがあなたがたにとどまるなら、何でもあなたがたの欲しいものを求めなさい。そうすれば、あなたがたのためにそれが叶えられます。」と約束してくださった方です。主は私たちの言うことをそのまま聞く機械のようなものではありません。『ほしいものを求めなさい。』という約束を、そのように誤解するのは愚かなことです。

実際には、イエスに近づいていく人々を主は信頼されるのです。その光の中では、傷ついた人たちの生活の中に神の力を現すことができるように、神が私たちに力を与えてくださるのは当たり前のことなのです。

神のことを、力を使わず正確に現すことはできないでしょう。人々が明確に神のことを見出すために、奇跡は必要なのです。このような奇跡を証していくことは、私たちが世界に対して負っている責任の一つです。私たちが語るとき、神は語られた話を実現していくのです。

神は自分を受け入れた人々に、御自身を現していくことを選ばれました。歴史を見れば分かるように、神が現れるときは、しばしば壮大で劇的なことが起こります。主がその人々を通して語られるのは、時には驚くべきことですが、実用的で普通のことを語られることもあります。

偶然のように、真理の上に足をかけることによって学ぶ場合があります。このようなことは普通、何かを理解する前に、実を先に見ることによって起こります。何があろうと従うために生きるなら、あなたも同じように学ぶことができます。つまり、従うためには、理解している必要はないということです。

このような従順は、いつも実を結びます。しかし実によって、あなたはその後ろに隠れた秘密を解き明かすことができるようになるのです。御国の原則を理解していないことは赦されます。なぜなら従順によって、その力と効果は発揮されるからです。しかし、もし私がそれらを理解していないのであれば、主の臨在を意図的に解き放つ機会が減ってしまうでしょう。そして、他人に同じことをするようにと訓練することができなくなります。

神の臨在は、この中には神の御国も含まれますが、私が知るところでは、五つの活動によって地上にもたらされます。

・手を置くこと

これは聖書的な任命も含めて、キリストの基本的な教えの一つです（ヘブル書六・1〜2参照）。なぜなら御国は私たちの内にあり、信仰的な接触によって解き放たれていくからです。癒やしや祝福、力を与えるための積極的な行動なのです（マルコ一六・18、1テモテ四・14参照）。接することによって解放が起きるという原則です。

・油注がれた人に近づくこと

この原則は、使徒ペテロが通るときに、その影に触れる場所に病人が置かれた出来事で見られます。

あなたを覆《おお》う油注ぎは、あなたの影によっても解き放たれます。イエスの衣もこの種類に含まれます。長血の女（マルコ五・28〜29参照）や大勢の群衆（マルコ六・56参照）に対してイエスは、直接手を触れたわけではないのですが、癒やされました。同じことが、パウロが身につけていた服についても言うことができます（使徒の働き一九・11〜12参照）。どちらの場合にも、彼らに対する油注ぎが圧倒的なレベルであったので、身につけている服でさえも神の奇跡の力で満たされていたのです。

・主の油注ぎが置かれた物理的な場所

この原則も神のみ国を解き放つ上で重要です。つい最近の話ですが、耳の聞こえない方が、ヒーリングルームに入った瞬間癒やされるということが起きました。別の耳の聞こえない人が、今度は同じ部屋を通り過ぎるだけで癒やされました。地上にある天国の空気に触れたのです。この力の解放は、リストに書かれている他の四つほど目立つものではありません。それは、この力に影響を与えているのは、神の力を現すことよりも、主の臨在を身に纏《まと》うということだからです。しかし片方がなければ、もう片方を手に入れることはできません。

・信仰による行動

信仰には行動が求められるものです。この原則は聖書を使って証明することが最も簡単なものです。イエスは人々の信仰のおかげで、しばしば不可能な状況に直面しました。

マタイ八章一〇節では、イエスは百人隊長の信仰のレベルに驚きました。上の立場にいるローマ兵であり、ユダヤ人ではなかったのです。しかし彼の信仰はイエスを完全に捉《とら》えました。神の注目を集める信仰というのが、私は大好きです。主を状況の中に呼び寄せるのです。主を満足させるためには、信仰が必要です。そして私は本当に主を満足させたいと願っています。

・預言的な行動

これは少し変わった要素です。信仰の働きですが、思い描いている結果と関係がないのです。たとえば、エリシャは預言者の息子たちが借り物の斧《おの》の頭をなくしてしまった時の嘆きを聞きます（第二列王記6章参照）。水の中に落ちてしまったのです。エリシャは水の中に棒を投げるようにと言い、それで斧の頭が表面に浮かんできました。

自然界の法則では、木の棒はそのような効力を持ちません。そこに力が働いたのは、従順による行動だったからです。斧の頭がなぜ浮かび上がってきたかという理論的な説明は何もありません。しかし、その棒がなければ、斧は戻って来なかったでしょう。行動を伴う従順は、霊的な力を解き放つのです。

・宣言

この章で焦点を当てる最後の項目です。御国では、宣言なしには何も起こらないのです。しかし、御父が言っておられることを私たちも言う時に、天にあるすべてのものが方程式に組み込まれます。宣言が証であるときは、神が人々に接してきた歴史の片鱗《へんりん》を味わうことになります。そして、地上で神の啓示を受け取るために、独創的で預言的な力が空間へと解放されていくのです。

私たちは早急にこれらの行動を、散発的《さんぱつ》に行うことはやめるべきです。それよりも、この終わりの日の戦略的な行動として、積極的に行なっていくべきなのです。神の性質に対する啓示と臨在をすべての人が見ることができるように、私たちが内に宿《やど》しているのだという確信に燃やされて行動していくのです。自分たちの証の内に、そのようにすばらしい啓示が含まれています。私たちにとっては当たり前の出来事でも、世の人々はそれを聞くことに飢えています。

人々のために、神の心に焦点《しょうてん》を当てるべきです。証と、それによって解放される油注ぎが、神の明示された役割へと多くの人々を立ち返らせます。だからこそイエスは、私たちにすべてのものを遺産として残されたのです（ヨハネ一六・15、第一コリント三・21参照）。私たちに与えられた役割を全うするためには、すべてが必要となるからです。

天よりの使命

教会がこの地上で神に与えられた使命を果たすために、少なくとも四つのやるべきことがあります。これらは天から与えられた任務であり、追い求め、祈り、考えることに影響を与えます。それは実であり、賜物でもあります。主の側に立って働くことの結果であり、従順によってのみ与えられるものです。

・愛

主を満足させるためには、信仰が必要ですが、すべての中で最も偉大なのは愛です。愛が失敗することはないのです。それは完全であり、究極的な犠牲を払うところまで自分のことを考えず、イエスがたどり着いた場所へと私たちを連れて行ってくれます。主はその身を捧げるほど世界を愛されたのです。その信仰は愛を通して働きます。だから愛と信仰の二つが真の信者であるということの一番の証明になるでしょう。

・純粋さ

教会の中に蔓延する悪によって、将棋倒しのような悪影響が教会に与えられました。福音が命に対して影響を与える証拠として、聖さが必要です。それなしでは、私たちが良いと思って行なったことが、神による目的の重さに耐えられずに崩壊してしまうでしょう。主は、揺るがすことのできる土台を、すべて揺らします。そして罪は、すべての土台の中で最も弱いものです。洗練された民を創り上げるためには、土台に聖さが必要になります。

・力

主を力なしで現すことは不可能です。神はただの概念や、哲学、信条などではありません。主は素晴らしく、力強い神なのです。そして私たちは、その力の代表として選ばれました。イエスが行なったように、暗闇の働きを覆し、破壊していくために選ばれたのです。イエスは地上に現れた神の啓示としては、最も明確なものです。イエスは完成された神学です。次に父なる神は、その完成されたものが私たちを通して、何倍にもなってこの地上に現されていくことを願っておられます。

・栄光

これは終わりの日にますます語られることになる、私たちにとっては欠かせない要素の一つです。それは約束された神と繋がっているイエスの臨在です（ヘブル一・3参照）。神の民の上に降り注ぐ主の臨在の重さを現しています。私たちが主に明け渡す程度に応じて、増えていきます。主の栄光が部屋の中に入ってくるとき、人は礼拝以外のことを、あまりしなくなります。これらの時間、貴重なこうした時間を追い求め、大切にするべきです。

管理の問題はここでは重要です。小さなことに忠実な人は、大きな物事を任されるからです。なぜ栄光がそんなに重要でしょうか。栄光こそが、私たちが住むようにと神が備えられた場所であるからです。

偉大な任務

私たちの最も偉大な宝は、主御自身です。最も大きな権利とは、主が約束されていることです。世界中にいる神の民は、神がより明確に現れてくださるのを叫び求めています。それは健康的な叫びです。しかし、悲劇的なことに、歴史では、そのような祈りをずっと続けているにもかかわらず、真の神の訪れを一度も見ることができなかった人々で溢れています。尊敬されているリバイバルに関する本の多くは、一度も実際にそれに携わることができなかった人たちによって書かれています。

神に出会うことは、それほど難しいのでしょうか。イエス・キリストは、馬小屋の中でお生まれになりました。イエスは場所を選り好みするような方ではありません。約束されている主の臨在がここまで少ないのは、主の御力の性質によります。しかし、達成されていない約束の言い訳として、神の主権を持ち出すのは間違っています。私たちが神と出会う経験が少ないのは、主の働かれる方法がわかりづらいからだと、神のせいにしてはいけないのです。

イエスの弟子たちが病気の子供を癒すことが出来なかった時、彼らは奇跡が起こらなかったことを良しとはしませんでした。神がその意志によって奇跡を留めたと思ったのです。だからイエスの所に行き、聞きました。イエスはどのようにすれば良いかの見本を示し、なぜだったかを教えました。そして子供は自由になったのです。違う言葉を使って言うと、父なる神のせいにしてはいけません。何かが足りなければ、それは常に私たちの影響力の範囲内にあるのです。約束はすべての人にとって、完全で十分なのです。

神は私たちが守る分だけの臨在を分かち合ってくださいます。私たちにどれほどの分量が分け与えられているのかを、私たちはまだ知っていません。まだイエスの十字架以前に生きていたモーセですら（イエスがまだ人類の罪のために死んでいませんでした）、今日の多くの人が体験したことのないようなイエスの臨在とともに歩んでいました。それは起こりえないことだったのです。格下の契約が、格上の油注ぎをもたらすことはないのです。イエス・キリストの血は、モーセが経験したような栄光よりも、ずっと大きな栄光に手が届くことを可能にしたのです。(第Ⅱコリント三・7〜11参照)

天国の経済

すでに書いたように、天にある富は宣言によって解放されていきます。証がとても重要である理由の一つです。それぞれの証が、主のご性質の啓示と、人類との契約を明らかにしています。証が語られる度に、何かが生み出され、何かが創り出されています。主の言葉に内包されている御国の富が、この地上にもたらされるのです。

イエスは神の言葉が肉体を持ったものです。イエスが語られた時、彼の言葉は霊でした(ヨハネ六・63参照)。私たちはこの世界に影響を与える言葉を語るために召されています。父が語られている言葉と同じ言葉を使うとき、聞く人に天による影響を与えることになります。イエスが語られたのと同じように、私たちの言葉も霊となるのです。そしてだからこそ、周りの世界に影響を与えるのです。私たちが住んでいる場所に影響を与えるために、神が何を語られているかを聞くことが、これほどまでに重要になってきている時代はなかったでしょう。
神は言葉を通して約束される方だということを覚えてください。私たちの言葉に、生と死を分ける力があるだけではなく、御父と心を一つにするとき、イエスご自身が私たちの言葉とともに現されていくのです。主の心にある言葉を聞こうとすることは、すべての信者が情熱的に追い求めるべきことです。主の声を聴くことによって信仰が生まれ、臨在が訪れるのです。これ以上に重要な責任、そして特権を私は知りません。

世代を超えた約束

すでに触れた詩篇七八篇は、私たちにユニークな啓示を与えてくれます。聖書の中でも最も驚くべき約束と警告を含んでいます。一つの世代を神への忠実さへと導き、反逆から守るための知恵が隠されています。

それを私たちは彼らの子孫に隠さず、後の時代に語り告げよう。主への賛美と御力と、主の行なわれた奇《くす》しいわざとを。主はヤコブのうちにさとしを置き、みおしえをイスラエルのうちに定め、私たちの先祖たちに命じて、これをその子らに教えるようにされた。後の世代の者、生まれてくる子らが、これを知り、彼らが興《おこ》り、これをその子らにまた語り告げるため、彼らが神に信頼し、神のみわざを忘れず、その仰せを守るためである。また先祖たちのように、彼らが、かたくなで、逆らう世代の者、心定《こころさだ》まらず、たましいが神に忠実でない世代の者とならないためである。（詩篇七八・4～8）

この詩篇は、証を大事にすることについて、その目的と結果を教えてくれます。神の現実を一つの世代に表すために、証が用いられるのです。反対に証を軽視することは、非常に恐ろしいこともわかります。

神の働きの記録は、隠されたり、忘れられたりしてはいけません。次世代に伝え、彼らも次の世代に伝えるように教えなければなりません。その鎖《くさり》を切ってはいけません。神の性質が地上に現れ、臨在が増し加わります。前の世代が築いた土台の上に、次の世代が築き上げます。こうして神の性質と臨在の現れが、増し加わっていくのです。

荒野でイスラエルを取り囲んだ国々は、神の臨在と栄光が留まるのを見ました。神が御民に現れる基準として、それが一番高い基準であると考えるべきではありません。イエスの血によって、私たちにはより高い恵みが与えられているのです。

約束された結果は、すべての信じる家族の叫びです。若い人たちが神に望みを置くようになるという約束です。一つの世代において、神の御業を覚えていることがどれほど大切な足がかりを据《す》えるかについて、学んでください。私たちはいろいろな面で努力をするかもしれませんが、証を守り、神の御業を覚えておくことが、他のどのような努力にも優って御国の文化を築き上げるのです。

けれどもこの古くからの境界線――証を守ること――は、一つの世代の良心、優先順位、心の持ち方に影響を与えます。神の国において、神の御業は文化を形成する最も大きな要素となります。

これほどまでの影響力を約束されているものは、聖書の中でもあまり多くはありません。詩篇の作者はさらに付け加えています。もし神の民が証を守る責任を果たすなら、反逆と頑《かたく》なさを打ち壊すことができます。

証を守るという神の勧めに従わなかったために、イスラエルは不信仰の罪に陥《おちい》りました。

このすべてのことにもかかわらず、彼らはなおも罪を犯し、神の奇しいわざを信じなかった。（詩篇七八・32）

人々の間でなされた神の活動を記録している人にとって、信仰は自然の結果です。イエスもパリサイ人に向かって、このように言われました。

また、そのみことばをあなたがたのうちにとどめてもいません。父が遣わした者をあなたがたが信じないからです。（ヨハネ五・38）

神にとって貴重なものを、私たちが心にしっかりと留めるなら、イエスが生活に介入されるのを受け入れる準備になります。証がその助けとなるのです。神の御業を忘れ、心が固くなるとき、罪が入り込みます。

神は箱に収められる方ではありません。

彼らはくり返して、神を試み、イスラエルの聖なる方を痛めた。（詩篇七八・41）

神の性質を表す証に制限を設けることは、控えめに言っても愚かなことです。イスラエルには、神を制限する習慣があったのです。神は再び、不本意にもナザレに閉じ込められました。ナザレは御父が願っているように神の性質が表されていない場所の一つでした（マルコ六・6参照）。

信仰は神を喜ばせ、不信仰は神を悲しませます。ユダの霊的状態に見られるように、不信仰は裏切りの根底にあるものです（ヨハネ六・64参照）。新米標準訳では、「痛めた」という言葉を「痛みをもたらした」と訳しています。新約聖書のエペソ四章三六節で、「**聖霊を悲しませてはいけない**」と書かれているのと似ています。不従順の行いは、聖霊との関係から外《はず》れることによって起こります。


彼らは神の力をも、神が敵から贖い出してくださった日をも、覚えてはいなかった。神が、エジプトでしるしを、ツォアンの野で奇蹟を行なわれたことを。（詩篇七八・42〜43）

それなのに、彼らはいと高き神を試み、神に逆らって、神のさとしを守らず、（詩篇七八・56）

神の御業を忘れると、災いが迫《せま》ります。尋ねられたら、神の介入を思い出す人たちは大勢います。でも、思いと会話の優先順位を高く保ち、証を大事にしている人は多くありません。教会が力に欠ける理由の一つは、この真理を疎《おろそ》かにしているからです。

神の力が地上にもたらされた記録を残しておくことは、魂の錨《いかり》となります。心の中心に残り、永遠の効果を求める願いが起こされます。この錨がなければ、混乱した霊的な環境に振り回されてしまうでしょう。

この詩篇の冒頭《ぼうとう》で与えられている約束は、親たちが証を守り、語り告げ、神の性質と臨在を表す証の守り方を教え訓練していくなら、次世代の子供たちが反逆することなく育っていくことを示しています。

詩篇七八篇五六節によると、反対の結果が現れています。神の性質を指し示す証が不在なので、神を怒らせ、反逆という刈り取りをしているのです。証を無視することは、方位磁石《ほういじしゃく》もなく航海するようなものです。

証を守る文化を、あるコミュニティが育《はぐく》んでいくなら、御国を前進させる勢いが生み出されます。反対に、証が忘れ去られるなら、破壊的な結果が生じることになるのです。

ユダ族を選び、主が愛されたシオンの山を、選ばれた。
主はその聖所を、高い天のように、ご自分が永遠に基を据えた堅い地のように、お建てになった。
主はまた、しもべダビデを選び、羊のおりから彼を召し、乳を飲ませる雌羊の番から彼を連れて来て、御民ヤコブとご自分のものであるイスラエルを牧するようにされた。

彼は、正しい心で彼らを牧し、英知の手で彼らを導いた。(詩篇七八・68～72)

神の働きを無視することについての警告を伝える詩篇は、このように結ばれています。突然に、ダビデの名前が出て来るのです。ダビデほど証の文化を形成するのに貢献した人はいないことを考慮すると、この流れは不思議ではありません。

証はダビデのカウンセラーであり、夜に黙想するテーマであり、研究課題であり、相続財産でした。証は大切であったので、息子のソロモンにも証に養われる必要性を教えました。

礼拝の人生を送った人にふさわしく、ダビデは神の御業の影響下に生きることに身を捧げていました。神の御業を通してその不思議を思い巡《めぐ》らすとき、生ける礼拝者とならずにはいられません。

この詩篇の結論から、何を学べるでしょうか。イスラエルは時に成功し、多くの場合には失敗しました。成功するかどうかは、指導者の誠実さにかかっていたようです。イスラエルの歴史上には、ダビデ以外にも正しい王はいましたが、ダビデほど新約の恵みの原則によって影響を与えた人はいません。

この詩篇にダビデが登場することを考えると、ダビデは偉大な王国に特徴的な重々しい文化を表す指導者であったと言えます。この詩篇を通じて、目的と方向性を何度も失った人々への答えが、ダビデの模範の内にあるのです。神の超自然的な介入によって、その目的と方向性は回復され、強められました。

ダビデが礼拝に身を捧げる人であったのは、天国の現実が彼の人生ににじみ出ていたことと密接な関係があります。天国の力をこの世界にもたらす人は、そのような生き方をするのです。

歴史は預言する

一八五九年七月一七日、チャールズ・スポルジョンは「神の力強い働きの物語」という題のメッセージを語りました。一五〇年前に、教会の文化を形成する力ある真理を語ったのです。人類の歴史の中に、神の歴史的な介入があるようにと、伝えられた預言的な叫びに耳を傾けてください。

神がかつてなさったことを聞くとき、人々はこのように言います。

「それは遙《はる》か昔の話ですね……」

それをなさったのは、神ではないのでしょうか。神が変わってしまわれたのでしょうか。昨日も今日も、いつまでも変わることのない方ではないのでしょうか。それはつまり、かつてなさったことを、今もなさることができるという意味ではないでしょうか。

もう一歩進んで言いたいと思います。神がかつてなさったことは、今からもそれをなさるという預言であると。神が以前に成し遂げられたことは、繰り返されるべき先例なのです。

神が昔の人たちの信仰を、私たちの内にも回復してくださいますように。昔のように、神の豊かな恵みを体験することができますように。

一八五九年に、この預言的な説教者を通して、失われたものがすべて回復される機会が与えられました。残念ながら、教会はこの真理に応答して、あまり多くのことをしてはきませんでした。せいぜい、説教のすばらしさを称《たた》えたくらいです。私たちも今、同じ機会を提供されています。

リレーにおいては、四人の走者がいます。最初の三人は、最後のランナーがゴールに入るまで、自分の責任を終えてシャワーを浴びながらリラックスするということはありません。最後のランナーの結果によって、皆が賞を受けるからです。

現在、雲のように取り囲んでいる証人たちが、私たちが与えられた機会を用いてどのようにゴールするかを見守っています（ヘブル一二・1参照）。イエスが正しく表され、栄光が全地に満ちるまで、神の働きの完全な回復を見るチャンスを逃さないようにしましょう。

歴史の勢いを捉え、証を守り、イエスの力を地上にもたらす人たちの従順によって、このことは実現していくのです。

注1　http://www.spurgeon.org/sermons/0263.htm.

価格（1700円＋税）

「お金と幸いなるたましい」

聖書は、罪人の富が義人に移されることを教えている。何百万人もの信じる人たちが現実にその恵みにあずかり、必要な知恵を受け取るために、この本は用いられるだろう。ページをめくるたびに私の心は高鳴り、想像を超えた祝福の世界へと導かれていった。本書は、多くの人が失敗してきた経済の分野において、この世代の人たちが成功を収めるために備えられた傑作である。

ベテル教会主任牧師　ビル・ジョンソン

「スピリット・ウォーズ」

価格（1700円＋税）

　クリス・バロトン牧師によるこの本は、単なる理論ではなく、実際に数千人の人々を解放に導いてきた体験に基づく約束に満ちた現実である。鬱や精神病からのいやしや霊の解放など、多くの現代人の悩みに答える実践的な教科書としても用いられるだろう。クリスは自分自身が束縛に苦しみ、さまざま苦難を経てきたので、同じような悩みを持つ人々に最も必要なアドバイスをすることができる。悩めるすべての人たちにお勧めする必読の書。

励ます力

価格（1700円＋税）

信仰の戦いにおいては失望落胆を味わい、涙の谷を通る時がある。長年にわたり超自然的な働きを続けてきたベテル教会のビル・ジョンソン師によると、主にあって自分を励まし、主が備えられた武具を用いて自分を強くすることを学ばなければ、この世代に与えられた使命を全うすることはできない。一年や二年ではなく、継続するリバイバルの炎を燃やし続けるにはどうしたら良いのか。全米でベストセラーになった本書を通し、ビル師はその秘訣を明快に提示している。

超自然的な いやしの力に歩む

価格（1700円＋税）

本書は、神とともに奇跡を体験する喜びの旅路へと読者をいざなうでしょう。クリスは強い飢え渇きの人です。驚くべき神への情熱と、病に苦しむ人たちへの愛の心を持っている人でもあります。祈って結果が現れない時でも、クリスの情熱は諦めることがありません。このハードルを見事に乗り越え、世界を飛び回りながら神の力を追求し、人生に打ち破りを体験したのです。超自然的な領域における働きとライフスタイルを求めるすべての人に、本書は力強い励ましとなるでしょう。今やこの素晴らしい霊的な勝利と打ち破りは、あなたのものにもなるのです。〈ビル・ジョンソンによる推薦の言葉〉

グッバイ軟弱なキリスト教

価格（1700 円＋税）

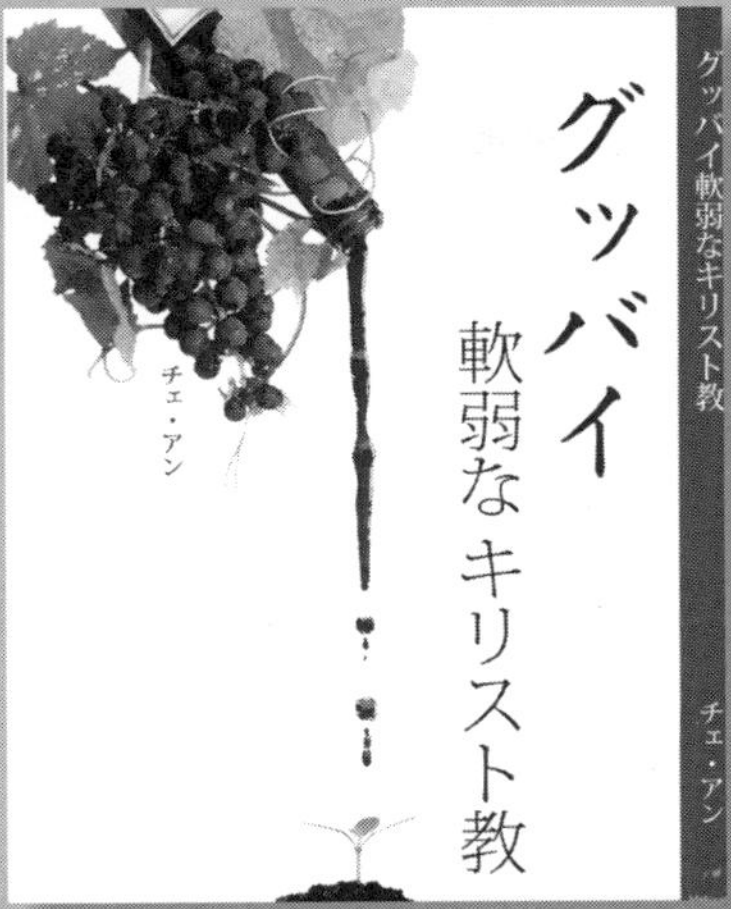

35 カ国で 5000 以上の教会を監督する使徒的な牧師による、超自然的な歩みの秘訣。1993 年にはミニストリーにおいても家庭においても失敗し、落ち込んでいた一人の牧師。1994 年に神の主権的な介入が始まり、しるしと不思議と超自然の領域を歩みながら、家族と働きの驚くべき回復を体験する。神の方法で教会を牧し、開拓し、ネットワークを拡大していく奇跡のストーリー。

尊敬の文化

～超自然的な環境を備える

価格（1800 円＋税）

ベテル教会を訪れる人たちは、スタッフや教会員たちのやりとりを見て、そこには普通の教会にない天国の雰囲気があることに気付きます。その特徴は何かと探ると、尊敬の文化すなわち、どんな時にもどんな人にも敬意を表し、互いに敬うという文化が息づいているのです。

教会に革命と改革をもたらし、超自然的な神の介入を日常的に体験し、リバイバルから変革へと導く神の恵みの秘訣が、この一冊に凝縮されています。

ハッピーインターセッサー　価格（1800円＋税）

とりなしの祈りを捧げる祈り手たちの多くが、重荷を自分で負い過ぎるために、霊的な攻撃に悩んだり、精神的に弱くなったりすることがあります。ベニー・ジョンソンはベテル教会の働きを支える祈りのチームを率いながら、鬱に沈みがちな祈り手ではなく、いつもハッピーで喜びと力に満ち溢れる祈りの軍隊を育て、動員することに成功してきました。それは著者自身の神さまとの親密な関係の中から培われたものです。祈りに対する概念を一新させられ、力あるとりなしの秘訣を教えてくれる一冊です。

40日間の個人的な旅路　日々のデボーション
～奇跡の体験への実践ガイド

価格（1500円＋税）

瞑想と祈り、分かち合いなどを通して、御言葉は単なる知識ではなく生きた真理として心に吸収されていきます。デボーションの中で聖霊によって学んだことを日々の生活に適用するなら、この40日間であなたの人生が変えられ、神の国が力をもって訪れるのを体験し始めるでしょう。ビル・ジョンソン師により、毎日使える実践的でデボーション・ノート。

■著者紹介

ビル・ジョンソン

聖霊に関する豊かな霊的遺産を受け継ぐ五代目クリスチャン牧師である。ビル夫妻はリバイバルのために手を結んでいる多くの教会の群に仕えている。この指導者たちのネットワークは、教団教派の壁を超え、指導者たちが成功し、神の力と聖さの中を歩むことができるようにと助けている。

ビルとベニ・ジョンソンはカリフォルニア州レディングにあるベテル教会の主任牧師であり、三人の子供たち夫婦もすべてフルタイムの働きに献身している。九人のすばらしい孫にも恵まれている。

預言の霊を解き放て

2016年1月7日　初版発行

著者　ビル・ジョンソン
翻訳　マルコーシュ翻訳委員会

発売所　マルコーシュ・パブリケーション
東京都渋谷区広尾5-9-7
TEL 03-6455-7734　FAX 03-6455-7735

定価　(1700円+税)
印刷所　モリモト印刷
組版・装丁　TAMAO